JN273138

Presentation Training

大学生からの
プレゼンテーション入門

ワークシート課題付

中野美香 著 Nakano Mika

ナカニシヤ出版

まえがき

　2011年は日本にとって忘れられない年となりました。日々を過ごす中で，多くの人が「自分ができることはないだろうか」と社会と自分を結び付けて考える機会に直面したことと思います。一方で「自分はこれでいいのだろうか」と社会から何かを突きつけられるような思いをした人もいることでしょう。自分がどう行動すべきかという外向きの問いと，自分はどうあるべきかという内向きの問いの間で揺さぶられる機会がたくさんありました。

　プレゼンテーションにおいても，自分の在り方を探る問いは深まります。プレゼンテーションの学習は表面的な技術習得にとどまらず，みなさんの生き方や考え方と重ね合わせられます。現実的な制約の中で新たな視点や情報を取り入れて，自分の考えを確立していく作業のプロセスにプレゼンテーションの醍醐味があると考えます。プレゼンテーションを学ぶうちに自分との対話が進んで，自分が心からやりたいことを見つけられるかもしれません。

　現代社会ではプレゼンテーションは欠かせないものとなり，社会人として働く上で避けては通れません。大学生の間でも，講義や卒業研究，就職試験などプレゼンテーションは要所に散りばめられています。一方で，プレゼンテーションが得意になるためにはどうしたらいいのかよくわからない人も多いでしょう。これから数あるプレゼンテーションの経験を積み重ねるために，本書は初心者でも段階的にスキルを発展させられるような構成にしました。

　みなさんには本書で学習したことを日々のあらゆる場面で試していただきたいと思います。そうすると，うまくいく時といかない時がでてくるはずです。なぜうまくいったのか，なぜうまくいかなかったのか，その理由を考えます。その知見を基に次のプレゼンテーションに臨み，同じように反省を繰り返すと，自然に自分のスタイルが育まれます。このような地道な努力は揺るぎない自信の裏づけとなって，みなさんをユニークな存在へと成長させてくれるでしょう。言語を英語に変えれば，世界中でプレゼンテーションができます。

　本書は2007年度に開講された福岡工業大学での講義を中心に，筆者の実践方法をまとめたものです。人前で話すことが苦手な学生が多い必修の授業でも半期の講義で確実に基礎から応用までプレゼンテーションのスキルを身に付けられるように，マネジメントの学習を組み入れたプログラムにしました。出版にあたっては，本学科の教員や学生をはじめ様々な方々の協力がなければ本書は世に出ることはありませんでした。この紙面を借りて，心よりお礼申し上げます。

　これから時が経ち社会情勢が変化し学生や大学が変わればプレゼンテーション教育も変わってくるでしょう。本書は発展段階のため，本書への批判から近い将来，より洗練された入門書が提案されることを期待しています。

　最後に，本書の出版にご快諾いただいたナカニシヤ出版の宍倉由高氏，米谷龍幸氏に謝意を表します。

2012年4月

著者　中野美香

目　　次

まえがき　*i*
本書の考え方　*1*

Chapter 1　プレゼンテーション編

- 1-1　第1回プレゼンテーションのテーマ設定　*6*
- 1-2　プレゼンテーションの構成：紹介型　*8*
- 1-3　論理表現　*10*
- 1-4　ストーリーをつむぐ　*12*
- 1-5　レイアウト　*14*
- 1-6　発表本番　*16*
- 1-7　他者評価　*18*
- 1-8　第2回プレゼンテーションのテーマ設定　*20*
- 1-9　プレゼンテーションの構成：提案型　*22*
- 1-10　理由の質を考える　*24*
- 1-11　ストーリーに磨きをかける　*26*
- 1-12　シンプルに見せる　*28*
- 1-13　聴衆を巻き込む　*30*
- 1-14　他者から学ぶ　*32*
- 1-15　プレゼンテーションのまとめ　*34*

Chapter 2　マネジメント編

- 2-1　目標設定❶　*38*
- 2-2　タイムマネジメント❶　*40*
- 2-3　説得力と自己分析❶　*42*
- 2-4　進捗状況の確認❶　*44*
- 2-5　相互評価❶　*46*
- 2-6　目標達成❶　*48*
- 2-7　成果を上げる❶　*50*
- 2-8　目標設定❷　*52*
- 2-9　タイムマネジメント❷　*54*
- 2-10　説得力と自己分析❷　*56*
- 2-11　進捗状況の確認❷　*58*
- 2-12　相互評価❷　*60*
- 2-13　目標達成❷　*62*
- 2-14　成果を上げる❷　*64*
- 2-15　マネジメントのまとめ　*66*

Worksheet 課題集❶

- 1-1　第1回プレゼンテーションのテーマ設定　70
- 1-2　プレゼンテーションの構成：紹介型　72
- 1-3　論理表現　74
- 1-4　ストーリーをつむぐ　76
- 1-5　レイアウト　78
- 1-6　発表本番　80
- 1-7　他者評価　82
- 1-8　第2回プレゼンテーションのテーマ設定　84
- 1-9　プレゼンテーションの構成：提案型　86
- 1-10　理由の質を考える　88
- 1-11　ストーリーに磨きをかける　90
- 1-12　シンプルに見せる　92
- 1-13　聴衆を巻き込む　94
- 1-14　他者から学ぶ　96
- 1-15　プレゼンテーションのまとめ　98

Worksheet 課題集❷

- 2-1　目標設定❶　102
- 2-2　タイムマネジメント❶　104
- 2-3　説得力と自己分析❶　106
- 2-4　進捗状況の確認❶　108
- 2-5　相互評価❶　110
- 2-6　目標達成❶　114
- 2-7　成果を上げる❶　116
- 2-8　目標設定❷　118
- 2-9　タイムマネジメント❷　120
- 2-10　説得力と自己分析❷　122
- 2-11　進捗状況の確認❷　124
- 2-12　相互評価❷　126
- 2-13　目標達成❷　130
- 2-14　成果を上げる❷　132
- 2-15　マネジメントのまとめ　134

　　附録 教員・ＴＡ評価シート　136

本書の考え方

● 対　　象

　本書はプレゼンテーションを初めて学ぶ大学生を対象に書かれています。これからの人生の基礎となる大学生の間に，プレゼンテーションという「新しいコミュニケーションの方法」を身につける上で知っておいてほしいことをまとめました。本書を通してプレゼンテーションの知識を深めるだけでなく，課題を期限内に終わらせよりよいものをつくるためのマネジメントの方法も合わせて学習できるような構成にしました。

　大学生以外の方にもプレゼンテーションの入門書あるいは復習のお供として使っていただけるのではないかと思います。様々なプレゼンテーションにも対応できるよう，どの分野においても共通する内容を扱いました。プレゼンテーションの初心者はもちろんベテランの人も目的に応じた使い方ができるようにワークシートは柔軟性を持たせています。

　本書は，どちらかというと話すことが苦手な人が気軽にプレゼンテーションができるようになることを目的としています。専門的な内容や初期段階では学習が困難と感じられた内容は平易なことばで置き換えるなどしました。そのため，もっと学びたい人のために巻末に参考文献をつけています。本書でプレゼンテーションについておおよその目安をつけてもらって，知識を整理した後，実践を通して自分のテキストをつくり上げてください。

● プレゼンテーションとマネジメントを並行して反復学習

　本書では，初めてプレゼンテーションを学習する上でマネジメントについても学習する必要があると考えます。プレゼンテーションができるようになっても，準備段階からいくつかの制約を考慮して課題を遂行する能力が身についていなければ応用がきかないからです。プレゼンテーションは仕事に必要なスキルを学習する貴重な機会でもあります。そこで上部構造（プレゼンテーション）と下部構造（マネジメント）を並行して学習し，それぞれの理解を相互に深められるような構成にしました。半期15回の講義で基礎編と応用編の2回の発表をおこない，プレゼンテーションスキルとマネジメントスキルの両側面を育成します。7回の講義で1セット完了する仕組みとなっており，15回の講義で2セット反復し，最後に全体の振り返りをします。

　テキストは，第1章がプレゼンテーション，第2章がマネジメントに関する内容になっています。応用力を育てるために，テキストに対応するワークシートを用意しました。状況に応じて基礎編・応用編のどちらか1セットのみ，最短7回の講義でプレゼンテーションについて一通り学ぶことができます。卒業研究等で短期的にプレゼンテー

ションを学びたい場合は，集中講義形式で学習することも効果的です。

　マネジメントのテキスト部分については，第1回から第7回までの7回分の内容を第8回から第14回でも繰り返し，反復学習をおこないます。同じ内容を扱うため，1セット目は❶，2セット目は❷と記しました。2セット目のテキスト部分は本文を抜いた形にし，1セット目の反省を踏まえて自分のことばでオリジナルのテキストをつくってもらいます。プレゼンテーションは議論と併せて，大学4年間の学びを横断的・縦断的に支えるコアと考えます。大学生のリテラシーに関心のある方は，議論法についてまとめた『大学1年生からのコミュニケーション入門』の併読をおすすめします。議論とプレゼンテーションを通じた思考力・マネジメント・他者理解について全体像をつかむことができます。

●使い方

　テキストとワークシートは大学の半期15回の講義回に合わせて15節に分かれています。標準的には一回90分の講義につき，該当する章のプレゼンテーションとマネジメントのテキストの内容を学習し，その後，それぞれのワークシートの課題をおこなうようになっています。90分の授業であれば，テキストの講義に30分，ワークシートに60分程度使うことを想定しています。マネジメントのワークシートについては，講義中に時間が足りない場合は宿題としても使えます。

　教員1名が20－30名程度の学生に教える状況を考慮して，発表時間の制限に合わせて内容を構成しました。グループの人数は2人から3人が望ましいです。二回の講義に分けて発表できるよう，第6回・第7回および第14回・第15回が発表と評価に対応するようにしました。受講者が少数の場合は，個人で発表させることもできます。プレゼンテーションを作成する過程で様々な人の意見を取り入れられるよう，多様なバックグラウン

プレゼンテーション	マネジメント
枠組みの理解	目標設定
構成	タイムマネジメント
表現	自己分析
ストーリー	進捗状況のチェック
レイアウト	相互評価
発表	目標達成
反省と評価	目標再設定

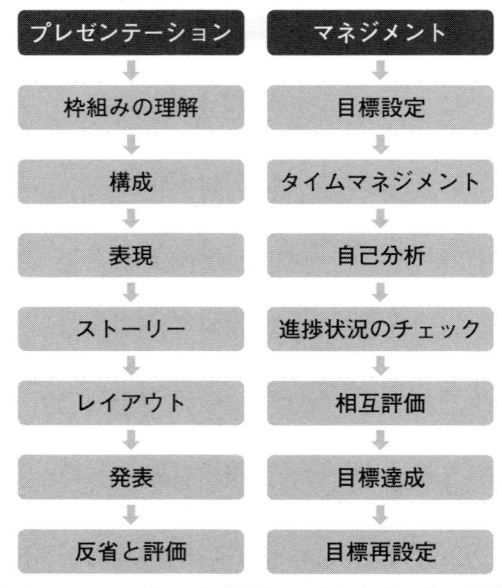

図0-1　1セット講義7回分の学びの手順

ドを持つ数人のグループでの学習をおすすめします。

　対象科目については，プレゼンテーションの科目はもちろんのこと，コミュニケーション一般に関わる教養の講義や専門科目等でプレゼンテーションが含まれる講義が中心となるでしょう。4年次の卒業研究や就職活動にも役立つよう，社会人基礎力との関連を持たせるようにしました。学部生だけでなく，コミュニケーションの実践に関わる知識やスキルを網羅しておきたい大学院生や社会人にも使っていただけることを意識しました。

　テーマは学習者の関心やレベルに合わせて変えてください。発表の多様性を持たせるため，抽象的なテーマを与えて，各自で具体的なテーマに落とし込む作業をさせるのも実り多い課題となるでしょう。ワークシートの課題はあくまで一例であるため，これをたたき台に学習者の関心やレベルに合致したよりよい課題をつくっていただくのがよいと考えます。

表 0-1　15回講義における学習スケジュール

講義回	位置付け	プレゼンテーション		マネジメント	
第1回	基礎編 第1回 発表	1-1	第1回プレゼンテーションのテーマ設定	2-1	目標設定❶
第2回		1-2	プレゼンテーションの構成：紹介型	2-2	タイムマネジメント❶
第3回		1-3	論理表現	2-3	説得力と自己分析❶
第4回		1-4	ストーリーをつむぐ	2-4	進捗状況の確認❶
第5回		1-5	レイアウト	2-5	相互評価❶
第6回		1-6	発表本番	2-6	目標達成❶
第7回		1-7	他者評価	2-7	成果を上げる❶
第8回	応用編 第2回 発表	1-8	第2回プレゼンテーションのテーマ設定	2-8	目標設定❷
第9回		1-9	プレゼンテーションの構成：提案型	2-9	タイムマネジメント❷
第10回		1-10	理由の質を考える	2-10	説得力と自己分析❷
第11回		1-11	ストーリーに磨きをかける	2-11	進捗状況の確認❷
第12回		1-12	シンプルに見せる	2-12	相互評価❷
第13回		1-13	聴衆を巻き込む	2-13	目標達成❷
第14回		1-14	他者から学ぶ	2-14	成果を上げる❷
第15回	まとめ	1-15	プレゼンテーションのまとめ	2-15	マネジメントのまとめ

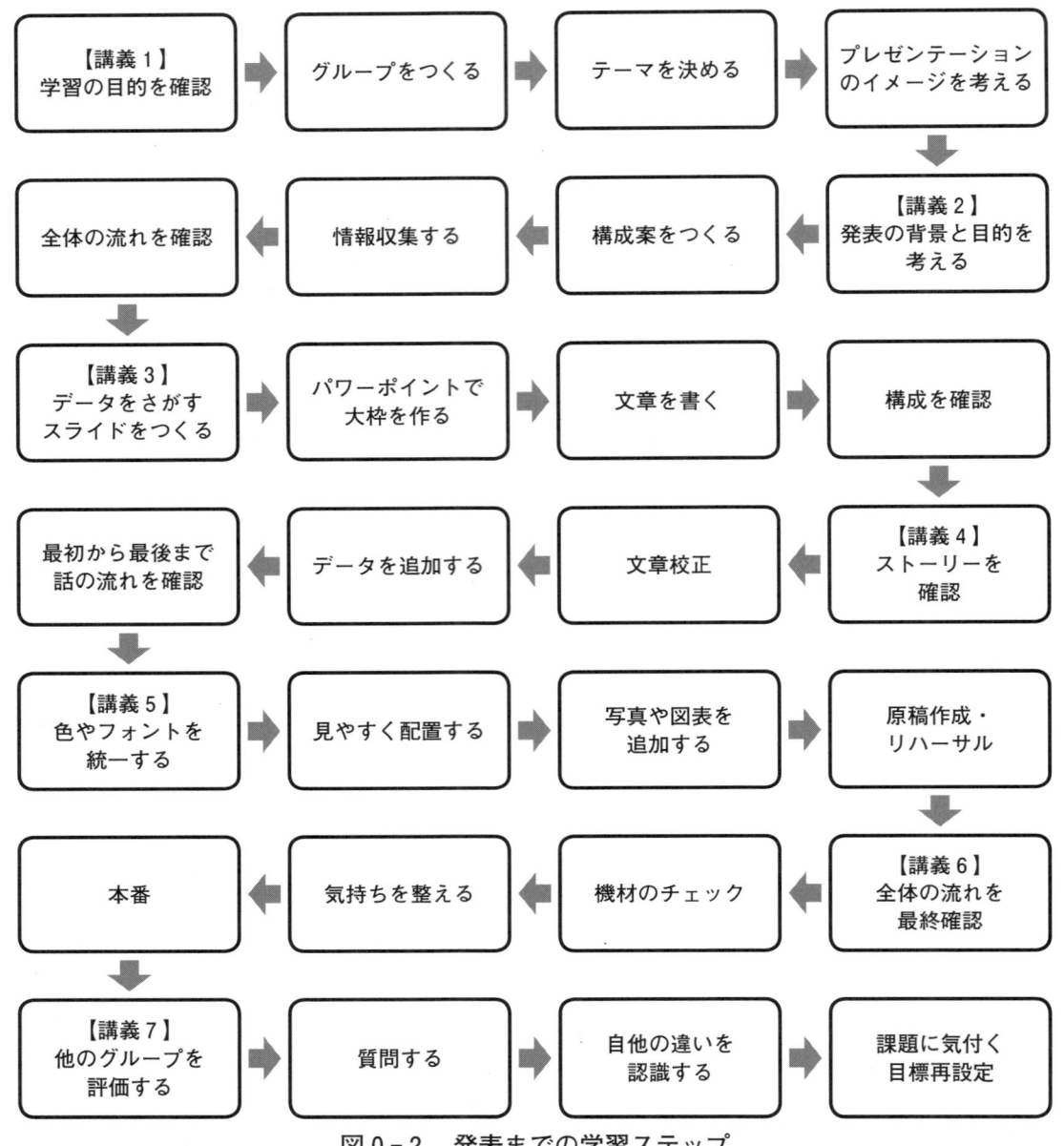

```
【講義1】              グループをつくる    →    テーマを決める    →    プレゼンテーション
学習の目的を確認    →                                                 のイメージを考える
                                                                            ↓
全体の流れを確認  ←  情報収集する  ←  構成案をつくる  ←  【講義2】
                                                              発表の背景と目的を
                                                              考える
    ↓
【講義3】              パワーポイントで           文章を書く    →    構成を確認
データをさがす    →    大枠を作る          →                          
スライドをつくる                                                        ↓
最初から最後まで  ←  データを追加する  ←  文章校正  ←  【講義4】
話の流れを確認                                              ストーリーを
                                                              確認
    ↓
【講義5】              見やすく配置する    →    写真や図表を    →    原稿作成・
色やフォントを    →                              追加する              リハーサル
統一する                                                                ↓
本番  ←  気持ちを整える  ←  機材のチェック  ←  【講義6】
                                                  全体の流れを
                                                  最終確認
    ↓
【講義7】              質問する    →    自他の違いを    →    課題に気付く
他のグループを    →                      認識する              目標再設定
評価する
```

図0-2　発表までの学習ステップ

Chapter 1
プレゼンテーション編

1-1 第1回プレゼンテーションのテーマ設定

Worksheet ☞ p.70　　Management ☞ p.38

本節ではプレゼンテーションをはじめて学ぶ人のために全体的な概要をまとめ，本番までのイメージをふくらませます。

●プレゼンテーションとは

プレゼンテーション（presentation）は実演，発表，企画案などを意味します。「プレゼンテーションする」という表現は，自分の考えや計画を他の人に聞いてもらうことを指します。発表の時には，パワーポイントなどのパソコンのソフトやポスターなどの紙を用いるものがあります。時間は数分の短いものから1時間を越える長いものまで状況によって様々です。条件が提示されない限り，自分で自由に設定することができます。

●プレゼンテーションの目的

プレゼンテーションの主な目的として，聞き手に何かを紹介すること，何かを提案することがあります。どちらにおいても，伝えたいことがきちんと伝わらなければ始まりません。そのため，言いたいことをただ伝えるだけでなく，聞き手からどう見えるかを考えて，プレゼンテーションをまとめ（内容），わかりやすい説明を組み立て（構成），理解しやすい方法で話す（伝え方）ことが重要です。プレゼンテーションを準備する過程で，これら3つの条件を確認するとスムーズに作業が進みます。

●プレゼンテーションを学ぶ理由

現代社会ではプレゼンテーションは人が生きていく上で無くてはならないものになりました。自分の意思で他者に思いを伝え，他者に何らかの行動を期待するときには，パワーポイントを使わずともプレゼンテーションをしています。講義で情報収集して発表する時などはもちろん，サークルやバイトでも必要な場面はあるでしょう。このように，プレゼンテーションには友達同士のくだけた形式（インフォーマル）から，講義や学会発表などまじめな雰囲気の中でおこなう形式（フォーマル）まで様々なものがあります。また仕事をする上でプレゼンテーション能力を身につけておくことが役立ちます。プレゼンテーションでは聞き手に納得してもらえるように考え抜く力をつけ，理想の自分に近づくために前に踏み出す力を伸ばすことができます。

●プレゼンテーションは奥が深い，でも難しくない

人前で話すことが苦手な人はたくさんいます。できるだけプレゼンテーションの機会を避けてきた人もいるかもしれませんが，それではいつまでたってもうまくなりません。

プレゼンテーションは奥が深く簡単ではありませんが，基礎から順を追って学べば難しいものではありません。大事なことは，一回一回の練習を大事にすることです。目標を設定して，課題をこなした後，実際に目標を達成できたかどうか振り返り，目標を再設定します。このような地道な自分との対話によって，プレゼンテーションは確実に上手になります。プレゼンテーションをすることが決まったら，あらかじめ以下5つのことを考えておくことが役立ちます。

　目的：紹介するか，提案するか
　形式：インフォーマルかフォーマルか
　時間：短いか長いか
　聴衆：人数が少ないか多いか，知り合いか知らない人か
　発表者：プレゼンテーションが得意か苦手か，誰かの助けは借りられるか

●第1回プレゼンテーションの条件

　プレゼンテーションの1回目の学習では，以下の条件でプレゼンテーションを作成してみましょう。2人から3人のグループで作業をすることで，チームで働く力を育てます。この条件設定で自分が何をどれくらいがんばればいいのか目処が立てば，他の場面でも見積もりができ，締め切りまでの時間と発表時間に合わせて応用できます。

　□課題発表から本番の発表まで7週間
　□発表制限時間3分以上，5分以内
　□分担してグループ全員が発表すること
　□スライドの枚数は表紙＋3〜8枚

ポイント！
- プレゼンテーションには様々な形がある。
- プレゼンテーションの主な目的は聞き手に内容を「紹介すること」「提案すること」
- プレゼンテーションは大学の勉強や就職活動，バイト・サークルなどいろいろな場面で役立ち，社会人基礎力を向上させてくれる。
- 目的・形式・時間・聴衆・発表者について考えると本番のイメージがわく。

課　題
　第1回プレゼンテーションに向けてグループをつくり，テーマを決めて本番までの見通しを立てましょう。現在の社会人基礎力を自己評価しましょう。

1-2 プレゼンテーションの構成：紹介型

Worksheet ☞ p.72　Management ☞ p.40

本節ではプレゼンテーションの構成のつくり方を学習します。構成はいくつかの種類がありますが，ここでは紹介型を取り上げます。

●プレゼンテーションにおける構成

プレゼンテーションで自分の考えを相手にわかりやすく発表するためには，声の大きさやイントネーションなどの「伝え方」を工夫することは大事ですが，その前に伝える「内容」がまとまっていなければ始まりません。プレゼンテーションでは多くの情報が含まれるので，その内容自体に筋道や一貫性がないと聞き手は迷子になってしまいます。プレゼンテーションをすることが決まったら，まずどのような内容をどういうふうに組み立てるか考えましょう。その時に，背景と目的について考えをまとめておくと構成を考えやすくなります。全体的な骨組みをまずつくることで，枝葉となる詳細な情報をどこに付け加えればいいかわかりやすくなります。

●構成の基本

構成には決まった形式はありませんが，ほとんどの場合，序論・本論・結論の三段階に分けられます。序論とは，話の導入部分です。ここで今から何を発表するのか大まかな内容を伝えます。表紙にタイトルと発表者氏名を書き，目次や発表の背景と目的を伝えます。本論では，発表の中心となる内容をデータを用いて伝えます。分量は本論が最も多くなります。そして，最後に結論としてまとめと今後の展望を示します。この三段階の構成は，プレゼンテーションだけでなく文章を書くときにも共通しています。

プレゼンテーションの時間によって構成の内容は変わってきます。目安として1枚のスライドを説明するのに1分かかると計算します。表紙等，紹介するだけのスライドだと時間は短くてすむので，5分間のプレゼンテーションではスライドは7枚から10枚程度が適当でしょう。基本的な流れは以下のとおりです。

表1-1　基本の構成

段階	内容	スライド
序論	タイトル・発表者の紹介 発表の目次 背景・目的	表紙 スライド1枚目 スライド2枚目
本論	詳しい内容	スライド3-7枚目
結論	まとめ・今後の展望	最後のスライド

●紹介型の構成

　構成の基本が頭に入ったところで，第1回目のプレゼンテーションは紹介型を使って学習します。紹介型は，新しい商品や技術などを紹介して納得してもらうためのプレゼンテーションに合うように必要な内容を具体的にしたものです。初めに，紹介するものが紹介に値する内容かどうか考えましょう。聞き手のみんなが知っているような内容では，紹介にはなりません。

　序論は基本の構成と同じです。本論では現状分析をおこないます。何かを紹介する時には現状で似たようなものがないか調べまとめます。現状がわかったところで，紹介したいものを取り上げ，特徴を描写します。その次に，現状分析で述べた他のものと比較して，共通点と相違点をまとめます。概要が大まかに明らかになったら，足りない点や課題について示します。いいところだけでなく弱点についても調べることで，両側面を踏まえた説得力のあるプレゼンテーションになります。最後に，プレゼンを通して何を言いたかったのか話をまとめ，今後の展望を述べます。

表1-2　紹介型の構成

段階	内容	スライド
序論	タイトル・発表者の紹介 発表の目次 背景・目的	表紙 スライド1枚目 スライド2枚目
本論	現状分析 特徴の描写 他のものとの相違点 現状の課題	スライド3枚目 スライド4枚目 スライド5枚目 スライド6枚目
結論	まとめ・今後の展望	最後のスライド

ポイント！
- わかりやすいプレゼンテーションには構成が重要
- 構成には基本の型があり，序論・本論・結論の三段階に分けられる
- 紹介型では，紹介に値するものを他のものと比べながら説明する

課題
　テーマに沿って背景と目的を考え，全体のスライドの構成を作成しながらプレゼンテーションの流れを考えてみましょう。

1-3 論理表現

Worksheet ☞ p.74　　Management ☞ p.42

本節では、プレゼンテーションに役立つ論理的な表現方法を学習し、構成の組み立てに反映させます。

●聞き手を道案内する

誰かに道を案内する時に、目的地まで一本道の場合は簡単ですが、何回か右折や左折を繰り返す場合は相手が間違えないように順番に注意を払って説明するはずです。それと同じように、スライドの表紙をスタート、最後のスライドをゴールと見立て、それまでの道がどのようになっているか考えてみましょう。ストレートな場合もあればくねくね曲がっている場合もあるでしょう。発表者は内容をよくわかっているので知らない人が聞いた時にどう感じるかは正確にはわかりません。このことを念頭に置いて、聞き手を誘導するつもりで内容を組み立てていくことは重要なことです。

●標識としての論理

論理的な表現というと、形式的で堅苦しいイメージをもつ人もいるかもしれませんが、論理を意識することによって説明に道筋が生まれます。道筋のない話を聴いて理解するのはとても疲れます。聞き手を不安にさせず道案内するためには話に論理が必要です。論理によって聞き手が話の内容を理解しやすくなるだけでなく、発表者自身も自分が何を言おうとしているのか明確になります。発表者は道案内の途中で効果的に標識を取り入れ、聞き手がちゃんと来ているか声がけをしながら迷子にならないように引率していく必要があります。

プレゼンテーションでよく使われる論理表現があります。これらの表現をいくつか組み入れるだけで、説明にアクセントが加わりわかりやすくなります。論理がうまく通らなかったり違和感がある場合は、スライドの内容や構成を見直す必要があるかもしれません。論理に注目して説明の修正を繰り返すと、発表のレベルが上がっていくことがわかるでしょう。

●表現例

論理表現の一例を表にまとめました。「順番を示す」「対比する」「話を移す」「話をまとめる」はプレゼンテーション全体の構成を考えるときに役立ちます。「根拠を示す」「強調する」「例を挙げる」は、わかりやすい説明を考える上で効果的な使い方が見つかるはずです。

物事を説明する時には、ただ情報を羅列するだけでなく、情報と情報との関連性（同じか違うか）、順番（どちらか先でどちらが後か）、優劣（どちらが上位でどちらが下位か）など、

情報を整理することで説明がわかりやすくなります。プレゼンテーションだけでなく普段の会話でも論理表現に気を付けると上手に使えるようになります。

表1-3　論理的な表現

カテゴリー	表現例
順番を示す	１つ目は〜，２つ目は〜／１番目は〜，２番目は〜／最初に〜，次に〜，最後に〜
対比する	○○とは対照的に〜／一方で／他と比較すると
話を移す	次は〜について説明します。／話を戻します。
話をまとめる	この結果／要するに／まとめると
根拠を示す	これには主に３つの理由があります。／その理由は〜です。／なぜそうなるのか説明します。
強調する	ここで一番重要な点は，／私たちは〜を明らかにします。／この点について強調します。
例を挙げる	具体的には，／これは〜がいいことをよく示しています。／例を挙げます。
参照する	先にお話したとおり／これは〜と関連している。／〜を思い出してください。

ポイント！
- プレゼンテーションは道案内に似ている
- 聞き手が迷子にならないように，論理を使って道筋を立てる
- わかりやすい説明には論理的な表現が役立つ

課　題

論理的な表現がプレゼンテーションにどう使えるか考えてみましょう。論理的な説明を意識して構成案を見直し，原稿を作ってみましょう。

1-4 ストーリーをつむぐ

Worksheet ☞ p.76　　Management ☞ p.44

大まかなプレゼンテーションの方向性が決まり，完成までもう少しになったところで，本節では聴衆の心をつかむストーリーをつくる方法を学習します。

●紙芝居のように話す

ストーリー（story）とは物語や話の筋道のことで，ストーリーテラー（storyteller）というと話の上手な人，話の筋の運びでひきつける話し手・書き手のことを指します。話の中で人の心をつかむためには，個々の情報の質はもちろん大事ですが，それをどのように物語るかという観点が重要になります。みなさんも子どもの頃，わくわくしながら紙芝居を見た経験があるのではないでしょうか。このわくわく感は，「次どうなるのだろう」という期待感によって生まれてきます。

●お団子に串をさす

みなさんのプレゼンテーションは完成に近づいています。紹介型の構成にしたがって作成すれば，話が大きくずれて脱線することはありません。その上でストーリーをわかりやすく語るためにスライドとスライドのつながりを考えてみましょう。スライドをめくる時にどのような言葉を話せば聞き手に期待してもらえるでしょうか。1枚のスライドの説明が終わった後，機械的に次のスライドの説明を始めるのでは個々の情報は理解できても全体を通して話し手が何を言いたいのか見えません。

そこで串にささったお団子を想像してみましょう。個々のスライドがお団子だとすると串は筋道です。串がささっていないとお団子はばらばらになってしまいます。紹介の型でお団子は一列に並んでいますが，そこに串を刺し結びつきを強いものにすることばが必要になります。串はプレゼンテーション全体を通じて根底に流れる価値観や考えのことです。串がささっていれば個々の意見はぶれることなくメッセージに一貫性がでます。それぞれのスライドの前後のつながりを考えながら，全体のつながりを意識するとしっかりとしたストーリーを描くことができます。

●スライドをつなぐことば

スライドを切り替えるときに使えるつなぎことばを考えてみましょう。よく使われることばに「逆接」「追加」「驚き」があります。「逆接」は前のスライドを違うことを言うとき，「追加」は前のスライドを土台にデータなど情報を付け足すとき，「驚き」は前のスライドから飛躍があるときに使えます。

逆接をあらわす言葉：しかし／それにもかかわらず／こうだったけれど
追加をあらわす言葉：さらに／新たな観点として／これに加えて
驚きをあらわす言葉：実は／予想に反して／驚いたことに

　この他にもスライドをつなぐ言葉はたくさんあります。今作成しているプレゼンテーションでつなぎことばが使われているか確認しましょう。もしなければ，どのようなことばでつなげばいいか考えてみましょう。どうしても適切なことばが見つからない場合は，スライドの内容を見直したり，構成を考え直す必要があるかもしれません。

●ストーリーをまとめる：全体と個

　作業を進めていくと，個々のスライドについて詳しく考えるあまり視野が狭くなりがちです。ある程度プレゼンテーションができてきたところでもう一度，当初の目的や全体の概要を確認することが役立ちます。個々の作業と全体を常に意識すると，お団子に串をさす作業はそれほど難しくありません。串のことを考えずにお団子ばかりつくってしまうと，串をどのようにさすかについてあとでたくさん考えなければならず，余計に難しくなります。

　プレゼンテーションが完成していない段階では全体を把握しにくい点もあるでしょう。そこで，短い要約を話してみると全体を見通すことができます。たとえば，3分間のプレゼンテーションなら，30秒くらいでプレゼンテーションの内容を他の人に説明してみましょう。理解していない部分や自分が大事だと思っている部分が明らかになります。同じスライドでも要約のつくり方は人によって違うので，グループでプレゼンテーションをする時にでもそれぞれ要約をつくり，お互いに発表するとよいでしょう。友達に話すように，「こんなプレゼンテーションをするよ」と気軽に説明してみましょう。短い時間で説明することは案外，難しいことがわかるはずです。

ポイント！
- 聞き手の心をつかむためにストーリーをつくる
- お団子に串をさすように，核となる価値観や考えを一貫させる
- 全体と個を意識してストーリーをまとめる

課　題
　ストーリーが流れているかどうか，プレゼンテーションをみんなで確認してみましょう。要約をつくって発表して，全体を確認してみましょう。

1-5 レイアウト

Worksheet ☞ p.78　Management ☞ p.46

本節では最終段階の仕上げとして，わかりやすさの観点からレイアウトの方法を学習します。目で見てわかりやすいプレゼンテーションができるように見通しを立てます。

●スライド一枚の情報量

レイアウトとは文字や図表などの配置のことで，同じ情報でもレイアウト次第でわかりやすくもわかりにくくもなります。パワーポイントなどのソフトを使うと様々な情報を自由に組み入れることができますが，わかりやすいプレゼンテーションには情報の見せ方を考えなければいけません。パソコンの前で作業をしている時に見える画面と，実際にプロジェクターで映し出して遠くから眺める画面はずいぶん違います。聞き手にどう見えるかを考慮してスライドを作成することが重要です。

一枚のスライドに示す内容は，多すぎても少なすぎてもいけません。どちらの場合も，余計な労力を聞き手に使わせることになり，大事なメッセージを理解してもらいにくくなります。パワーポイントのスライドの初期設定（余白やテキストボックス）やテンプレートを使うと，レイアウトについて悩まずに統一感のあるスライドを作成することができます。その際，以下3点が目安となるでしょう。図表がない場合は関連する写真や絵を入れると，文字だけのスライドよりもまとまりやすくなります。

背景と目的…❶
- 近年，エネルギー不足が問題視されている。
- 環境にやさしい発電方法として風力発電をとりあげ，現状と今後の課題を述べることを目的とする。…❷

図表…❸

図1-1

❶スライドの見出し
スライドの内容をシンプルに表したタイトルを書く。できるだけ短いほうがよい。
❷本文
スライドで伝えたいことを文章や箇条書きにする。
❸図表
必要なデータを図表で表す。その際，タイトルや出典・資料名，説明を記す。

●グラフで示す

数字などの情報がたくさんある場合は，グラフを作成すると見やすくなります。よく使われるグラフに5つの種類があります。目的と特徴を頭に入れておくと，どれを使えばいいかすぐに理解できるでしょう。それぞれのグラフには長所と短所があるため，日頃から雑誌や新聞でどのようなグラフが使われているか注意しておくと感覚がつかみやすくなります。

表1-4　グラフの種類と用途

グラフの種類		説　明	例
棒グラフ（たて）		項目ごとの数字を比較する	各国の電力消費量
棒グラフ（よこ）		各項目の全体に占める割合を比較する	過去3年の日本の電力消費量全体における四季別比較
折れ線グラフ		時間の経過と項目の傾向の推移を見る	過去10年間の日本の電力消費量の推移
円グラフ		各項目の全体に占める割合を見せる	2010年の日本の電力消費量全体における四季別比較
レーダーチャート		ある事柄について複数の観点からバランスを見せる	国民のクリーンエネルギーに対するイメージ

●表で示す

　情報が複雑な場合は，表に整理するとわかりやすくなります。表を使うと複数のものを複数の観点から比較することが簡単になります。たくさん説明する手間を省き，言いたいことを聞き手にわかりやすく伝えることができます。

表1-5　表の種類と用途

表の種類	説　明	例
比較する項目（A, B）×2つの視点	比較する項目について，メリットとデメリットなど2つの視点から整理する	原子力発電（A）とクリーンエネルギー（B）のメリット（①）とデメリット（②）の比較
比較する項目（A, B）×複数の視点	比較する項目について，複数の視点から整理する	原子力発電（A）とクリーンエネルギー（B）の，コスト（①），安全性（②），普及率（③），発電効率（④）の比較

ポイント！

- スライドが見やすいと理解も簡単になる
- 聞き手の立場に立って情報を選び，スライドのレイアウトを考える
- 適切な表やグラフを用いるとわかりやすくなる

課　題

　一枚のスライドの量を確認しましょう。またグラフや表で置き換えられる情報がないか探して作成してみましょう。

1-6 発表本番

Worksheet ☞ p.80　Management ☞ p.48

本節では本番の発表に向けて最終確認をおこない，わかりやすく発表できるように自信をつける方法を学習します。

●いよいよ本番：緊張は悪いことではない

プレゼンテーションをゼロから学習して作業を進めてきて，いよいよ発表本番になりました。今の気分はどうでしょうか。発表に不安がある人も多いと思います。プレゼンテーションを何百回とこなした人でも，人前で発表すると緊張するものです。

緊張することはよくないことだと思っている人もいるかもしれませんが，緊張感のないプレゼンテーションは気迫が聴衆に伝わらなかったり，ミスしたりとあまりいいことはありません。つまり，適度な緊張感はよいことなのです。緊張しないようにすることではなく，緊張によってよく起こりがちな問題をコントロールできるようになることが大事です。

●不安なことを取り除く

これまでに何かやり残したことがあると，本番になって急に緊張が増幅することがあります。プレゼンテーションでなくても何かの本番前に「あれをやっていればよかった……」と悔やんだ人もいることでしょう。こういったネガティブな感情は一気に頭の中を占拠してしまいます。そうならないために，あらかじめ不安な要素を取り除いておくことも必要です。

本番前にリハーサルを2回繰り返すとやり残したことは少なくなるでしょう。リハーサル後も他に不安なことはありますか。不安は他の人にとっては取るに足らないこともあります。グループのメンバーがいる場合は，自分の不安について人に聞いてもらうと落ち着くでしょう。やり残したことではなくできたことを思い出して，頭の中をポジティブな気持ちで満たすことも大事なことです。ネガティブな要素とポジティブな要素は，頭の中では割合の問題です。どちらかを増やせばどちらかが減っていきます。

●最終チェック

パワーポイントのファイルが最新版で間違っていないか確認しましょう。ファイル名だけでは見分けがつかない場合は，更新日時を見るといいでしょう。ファイルに誤りがなければ，開いて最初のスライドから全体を流して見てみます。スライドショーを使ってグループで確認するとよいでしょう。この段階で心の中で「こういうふうに話そう」というイメージを膨らませてシミュレーションしておくことも大事です。

スライドの確認が終わったらあとは本番を待つのみです。自分たちの発表の前に他の発表を聞ける場合は，自分の発表と比べてしまいますが，「相手の方がすごいこと」よ

りも「相手よりも自分の方がいい点」を探しながら聞くと，自信を失いません。

完璧なプレゼンテーションをしたいと誰もが思うでしょうが，完璧を目指すとミスしないように臆病になり，かえって完璧から遠くなります。みなさんははじめてのプレゼンテーションですので，60％で合格点と考えてよいでしょう。40％はうまくいかなくてもよいのです。そう思うと，肩の力が抜けてきませんか。あがってミスをしてもそれが味になることがあります。細かい点にとらわれずに，大きな観点から「言いたいことを聴衆に伝えられたかどうか」に焦点を当てることが大切です。

◉説得力は謙虚な姿勢から

プレゼンテーションは他の人の時間をいただいてさせていただくものです。時間をもらったことや，話を聞いてもらったことに対して感謝の気持ちを持つようにしましょう。また，説明の時も聴衆に敬意を払って，丁寧に説明することが大事です。謙虚な姿勢は信頼感を相手に与えます。これは説得力を支える人格の部分に関連しています。

質疑応答でわからないことを聞かれるかもしれませんが，その時も正直にわかっていることとわからないことを分けて答えましょう。ただ「わかりません」と応えるのではなく，「○○では—ですが，その点に関しては調べていませんでした。」と答え，「（機会があれば）調べてわかったことを後日ご報告します」と付け加えるとよいでしょう。

◉自信をつけて自然体で取り組む

社会人になるとプレゼンテーションで仕事を獲得するようなことがあります。その場合はプレゼンテーションに成功するかどうかは自分だけの問題でなく，会社全体の問題になります。一方で大学でのプレゼンテーションは練習です。社会人になってプレゼンテーションをする時のための準備に過ぎません。なので，たくさん失敗してください。失敗から学ぶことの方が多いです。大事なことは，自分なりの目標を持ってそれを一つひとつ達成することです。

ポイント！
- 緊張をコントロールする方法を考える
- 最終チェックをして，不安なことを取り除く
- 完璧なプレゼンテーションを目指すのではなく，謙虚な姿勢で自然体で取り組む中で自分なりの目標を達成する

課　題

発表前に自分のプレゼンテーションに対する気持ちや目標を確認し，グループで共有しましょう。発表が終わったら，自分の発表を振り返ってみましょう。

1-7 他者評価

Worksheet ☞ p.82　　Management ☞ p.50

　本節では他の人の発表を聞いて，評価をする方法や考え方を学習します。ただ聞くのではなく，そこから何かを学べるかどうかでみなさんの成長が変わってきます。

●プレゼンテーションに正解はない

　世の中にはプレゼンテーションが上手な人，下手な人の両方がいます。これは人と話すことが好きかどうかなど元々の性格によると思うかもしれませんが，そうではありません。確かに話すことが好きな人の方が最初はとりかかりやすいでしょう。しかし，プレゼンテーションは努力次第でいくらでも上手になりますし，ふつうは話すことが苦手そうな人でもプレゼンテーションはすごくわかりやすいということがあります。プレゼンテーションには正解はなく，たくさん経験を積んで試行錯誤を繰り返すほど上手になっていきます。

　プレゼンテーションは日常会話と違って，準備する時間があります。またスライドなど他の道具を利用することがあります。説明が上手な人は伝え方を中心に，説明が苦手な人は情報の分析を中心にというように，性格や特技に合わせていくらでも自分の強みを活かしながら弱点を補強することができるのです。

●客観的評価と主観的評価

　プレゼンテーションが上手な人と下手な人の違いは経験の量と質の差によるところが大きいですが，それはうまくなるための方法を学習して自分に取り入れている量の差とも言えます。プレゼンテーションが成功したかどうかは，時間を守れたかどうかや説得された人数など客観的に把握できる基準はあるものの，個人的な好みに基づいて評価される部分もあるため芸術の鑑賞に近いところもあります。

　フィギュアスケートの例を考えてみましょう。フィギュアスケートではジャンプは見所の一つですが，ジャンプで何回転できたかは微妙な判断を除き審判でなくても評価できる基準（客観的評価）です。一方で，魅力的なパフォーマンスだったかどうかは，決まった基準はなく人によって判断が異なるでしょう（主観的評価）。評価には自分の価値観が反映されるため，判断の違いは価値観の違いとも言えます。好き・嫌いや，いい・悪いなど個人的好みに基づく評価にはどちらが正しいということはないのです。

●評価を言語化する

　プレゼンテーションは評価の技術を学ぶのにも適しています。他のプレゼンテーションをどう評価し，どう自分に活かすかという観点です。評価する眼，つまり見る眼がなければまねすることもできません。ただ漠然と聞いていて，ただ「すごい」「なんかよ

くない」という印象では，自分のプレゼンテーションに役立てようがありませんし，発表者の技術を一緒によくしてあげることもできません。見る眼を養うためには，まずは思ったことをことばにしてみることです。はじめはどう表現していいかとまどうこともあるでしょう。なんでもいいので感じたことをことばで表してみるのです。

●理由を考えることで自分が大事にしている視点に気付く

「よかった」の評価で終わらせるのではなく，「何が」「どう」よかったのか。その理由を加えるだけで，自分の理解がより深く詳細になるでしょう。このように自分が感じた印象を言葉にするのは難しいことです。その感覚は自分しか知らないわけですから，誰かに聞くわけにはいきません。

自分はいったい何を手がかりにそう感じたのか，自分の対話を重ねることで，自分が興味のわくもの，自分を引き付けるものの姿が見えてきます。それがわかれば，自分以外の人にどうすれば興味をもってもらえるか自然とコツがつかめてきます。日頃から芸術など身の周りのことに対する自分の感覚について友達と意見を交わすとよいでしょう。評価の表現方法を知ることは，見る眼を育て自分の感覚を研ぎ澄ますことにもつながります。

●基本の評価基準

プレゼンテーションには様々な評価基準がありますが，基本的な要素として伝え方・内容・構成・質疑応答が挙げられます。

伝え方には「声の大きさ」「スピード」「声のトーン」「間の取り方」「アイコンタクト」の5つの基準があります。内容には「主張」「理由の説明」「例やデータ」「構成」「興味」の5つの基準があります。各項目に対して5段階で点数をつけ，採点理由を明らかにします。構成は型に沿って全体的に構造がしっかりしているかどうかを判断します。質疑応答は，質問に対して適切に対処したかどうかを評価します。

このように相手のプレゼンテーションを評価することで，見る眼の基本をつくります。そしてどうすればよいプレゼンテーションになるのか，人の発表から学び自分の学びにかえましょう。

ポイント！
- ●プレゼンテーションは客観的基準と主観的基準で評価される
- ●見る眼を養うために自分の感覚を言語化してみる
- ●プレゼンテーションの評価には伝え方，内容，構成，質疑応答の4つの基準が役に立つ

課　題
他の人の発表を聞いて，評価をしてみましょう。上手なプレゼンテーションはどのような評価でしたか。共通点や相違点を考えてみましょう。

1-8 第2回プレゼンテーションのテーマ設定

Worksheet ☞ p.84　Management ☞ p.52

本節では1回目のプレゼンテーションを踏まえて、2回目では発展的なプレゼンテーションを目指すための考え方を学びます。

◉1ランク上のプレゼンテーションを目指す

1回目のプレゼンテーションを一通りおこなったことで学習の見通しがついたことと思います。さらに上のレベルのプレゼンテーションをおこなうためにはどうすればよいでしょうか。プレゼンテーションには基本と応用があり、テキスト第1章から7章までの内容は基礎的な枠組みに関するものです。そこで第8章から第14章まではこれまでの章と同じテーマを順番に扱っていきますが、その中で応用的な側面に焦点を当て学んでいきます。

◉一流のプレゼンテーションから極意を学ぶ

基本的なプレゼンテーションができるようになったところで、次は一流のプレゼンテーションから何かを学びましょう。プロのプレゼンテーションには型らしいものはないように見えるかもしれません。でも、よく見て比較すると、自由な中に共通する何かがあることがわかるでしょう。

純粋に聴衆としてプレゼンテーションを見てみてください。そこで自分がいつどこでどのような時に興味がわいたり心を動かされるのかよく観察するのです。そのポイントがみなさんが次の段階で取り入れるべき箇所です。世界には語り継がれるプレゼンテーションの傑作がいくつもあります。言葉がわからなくても、ポイントをつかむことができるはずです。パワーポイント使わない演説であっても、人を感動させる要因を探るにはいい材料になるでしょう。

◉プレゼンテーションで最も大事なこと

上手なプレゼンテーションに必要なことはたくさんありますが、その中で最も大事と言えるのは、自分が心から興味を持っているテーマについて話すことです。自分が興味のないものについてプレゼンテーションをして他の人の心をつかむことはかなり難しいです。たとえば、車を見に行ったらある車を店員さんからすすめられたとします。その時に店員さんが特に興味のないそぶりでその車をすすめてきたらどうでしょうか。また強くすすめてくるにもかかわらず、その車の魅力について気持ちが入っていなければ心に響くことはないでしょう。個人的に興味があることが説明に説得力を持たせるのです。

●経験に結びついたテーマ

興味のあるテーマを選ぶためには，自分の経験と結びつけて考えるとよいでしょう。まったく見たことも聞いたこともない，自分の人生とは無関係のテーマでは興味がひかれるきっかけが少なくなってしまいます。自分の出身地，所属，趣味，話題になっていること，時事問題など自分と何らかの関わりがあるテーマがよいでしょう。そして聴衆を分析して，できるだけ多くの聴衆とも関連があることが望ましいです。なぜなら，「自分とは関係ない」とはじめに判断されると，一方的な話で聞き手の関心を引き寄せるのは限界があるからです。

自分の経験とテーマが結びつくことによって自分の気持ちが自然に引き出されます。楽しい，うれしい，びっくり，かなしい，くるしい，など経験の中で味わった気持ちがプレゼンテーションに反映されやすくなります。そうすれば，プレゼンテーションの際中も気持ちがのってくることがわかるでしょう。自分の気持ちなど聞き手は興味ないと思うかもしれませんが，聴衆はみなさんがどんな人なのか知るために気持ちを共有したいのです。

●第2回プレゼンテーションの条件

プレゼンテーションの応用編として，第1回と同じ以下の条件でプレゼンテーションを作成します。作業時間や制約は同じですので，マネジメントの見通しが立てやすいはずです。あとは自分が楽しくなるテーマを選び，一流のプレゼンテーションから学んだことを取り入れ，目標管理し，一ランク上のプレゼンテーションを目指しましょう。

□課題発表から本番の発表まで7週間
□発表制限時間3分以上，5分以内
□分担してグループ全員が発表すること
□スライドの枚数（表紙＋3～8枚）

ポイント！
- プレゼンテーションには基礎と応用がある
- 一流のプレゼンテーションを見て理想を描く
- 自分が興味を持っているテーマを選び経験とテーマが関連することで，気持ちが入ったプレゼンテーションができる

課　題

世界の一流のプレゼンテーションの動画を見て，よかった点と改善点を考えてみましょう。また自分がどのようなプレゼンテーションをしたいかイメージを膨らませて，社会人基礎力を評価しテーマを決めましょう。

1-9 プレゼンテーションの構成：提案型

Worksheet ☞ p.86　　Management ☞ p.54

本節では二つ目の構成の型として提案型を取り上げます。紹介型と提案型を使えるようになれば様々なプレゼンテーションに対応できます。

●型プラスアルファ

1回目のプレゼンテーションを通して，全体の骨組みとなる構成の重要性は理解したことと思います。本書ではいろいろなプレゼンテーションに対応できるように紹介型と提案型の構成を提案しています。これは5分程度のプレゼンテーションに合う形になっていますが，発表時間が長くなり情報が増えた場合には，全体を引き伸ばすことで対応できます。基本的に型に沿いながら，自分でプラスアルファできるところがないか考えてみましょう。このような試みがプレゼンテーションのオリジナリティを高めることにつながります。

●提案型の構成

提案型は，現状の問題点を踏まえて聴衆に新しい行動やプランを提案するのに適した形式です。まず初めに，その提案は問題を解決するのかどうかを考えましょう。また提案を実行することが可能かどうかも重要な問いになります。

表1-6　提案型の構成

段階	内容	スライド
序論	タイトル・発表者の紹介 発表の目次 背景・目的	表紙 スライド1枚目 スライド2枚目
本論	現状分析 問題 提案 解決までの過程や効果	スライド3枚目 スライド4枚目 スライド5枚目 スライド6枚目
結論	まとめ・今後の展望	最後のスライド

提案型の構成は紹介型と大部分が同じです。本論では現状分析をおこないます。現状分析では問題点が浮かびあがるように前提となる状況を把握し，そこから解決すべき問題点を抽出します。この時点でできるだけたくさんの聴衆にその問題点を共有してもらうことが大事です。そうでなければ提案の有効性を認めてもらえないため，何を問題とするかよく考えましょう。そしてその問題を解決する一つの策を提案します。どのようにしてその提案が問題を解決するのか道筋を立て，効果の程度を明らかにします。解決までの過程で困難なことがあればそれを示し，問題を乗り越えられることまで説明でき

れば説得力が増します。最後に話をまとめ，今後の展望を述べます。

●心をつかむメッセージ

　発表の最中に聴衆と話し手がどのようにコミュニケーションをとるか考える必要があります。会話ならお互い質問することができますが，プレゼンテーションの場合は一方的に話すだけで話している最中は聴衆の意見を聞くことはできません。

　そこであらかじめ聴衆が疑問に思うことを想定します。自分のプレゼンテーションをはじめて聞く人はどんな質問をするでしょうか。他者の視点を取り入れるとプレゼンテーションはより多くの人の心をつかみ，理解してもらいやすくなります。質問に対する答えを考えながらプレゼンテーションのメッセージを考えます。メッセージはできるだけシンプルな方がわかりやすいでしょう。

●情報量の質を高める

　提案型ではデータの量がプレゼンテーションの質を決めます。現状を分析するときにも，解決までの過程や効果を示すときにも，自分の考えだけを述べたのでは説得力がありません。できるだけ主観的な判断を避け，客観的なデータを用いて話すことが大事です。

　状況は日々変化するためデータはできるだけ最新のものを選びましょう。現在のことを示す場合は3年以上前のデータは古すぎます。また，信頼できる情報源かどうかも情報の質を見極める上で重要なポイントとなります。どこかに書かれている情報を参考にした場合は出典を明記します。本や雑誌等の場合は，著者・著者名・発行所・刊行年・参照頁を示します。ウェブサイトの場合は，サイト名・URL・最後に更新された年月日を示します。参考文献として，最後のスライドにリストを作りましょう。著作権に配慮する必要があります。

ポイント！
- 提案型では，問題を浮き彫りにして解決までのプロセスを説明するとわかりやすい
- 発表中に聞き手に質問すると心をつかむことができる
- 情報の質を吟味することで説得力は上がる

　　課　題
　選択したテーマに沿って背景と目的を考え，全体のスライドの構成を作成しながらプレゼンテーションの流れを考えてみましょう。

1-10 理由の質を考える

Worksheet ☞ p.88　Management ☞ p.56

　本節では，テーマ選択理由の質を考えることで，プレゼンテーションの説得力を上げる方法を学習します。

●理由に熱意があらわれる

　自分の考えを伝えるときに，主張をただ述べるのでなくなぜその主張に至ったのか理由を述べることで相手は理解しやすくなります。主張は同じでも理由は人それぞれ違うもので，そこに個性があらわれます。理由を聞けば，その人が何に対してどれくらいの重みをもって主張をしているかがわかります。就職面接で志望動機を聞くのは，学生がどのくらい本気で会社に入りたいと言っているか自然と見えてくるからです。結果だけでなくプロセスを聴衆と共有しましょう。

●階層的に理由を考える

　プレゼンテーションの序論で背景と目的を述べる際，なぜこのテーマを選択することになったのかその理由を詳しく話すことで説得力を高めることができます。聞き手はテーマ自体に興味をひかれなくても，テーマ選択理由に興味をひかれることがあるからです。みなさんの1回目のプレゼンテーションでは興味をひく背景と目的だったでしょうか。

　2回目のプレゼンテーションでは理由を階層的に考えてみましょう。階層的な理由とは，段階的な説明によって段階的にテーマが明るみになっていくようなものです。このように説明すると，なぜそのテーマに至ったのか聴衆は理解しやすくなります。ただ「A社について発表します」というより，「電気工学科に在籍しているのでみんなの将来に関係する電気に関連する企業をしらべました。その中で私たちの生活で欠かせない電気機器メーカーをしらべたところ，独自の製品があることからA社にしました」とするとどうでしょうか。ぐっとわかりやすくなったことと思います。

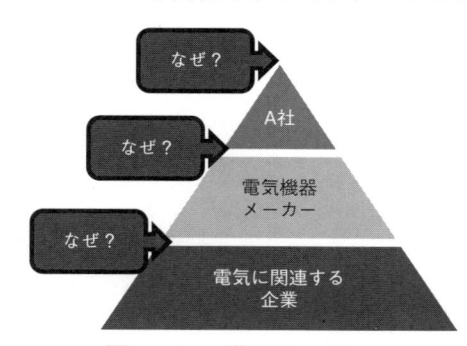

図1-2　階層的な理由

●理由を考えるときの注意

　理由が階層的であればよいというわけではなく，理由の質を考えなくてはいけません。その時に参考になるポイントを表にまとめました。一つ目に，個人的な理由は不適切です。聴衆の心をつかむために理由を述べるのですから，自分に閉じてしまっては聞き手に興味を持ってもらえません。みんなで共有できる内容を考えましょう。二つ目は，主

観的な判断基準は不適切です。前に学習したように，できるだけ多くの人が判断できる根拠を挙げることが説得力を上げるキーになります。自分しか判断できないことを述べるのではなく，データを用いて客観的な根拠や基準を挙げましょう。三つ目は，複数のものが該当しないように，曖昧で定義が広すぎないようにしましょう。たとえば社会貢献は大部分の企業がおこなっているため，ある特定の企業を選んだ主な理由になりません。社会貢献の内容を具体的にすることで独自性を明らかにすることができます。理由が適切かを判断するためには，その理由に対する反論を考えてみるとよいでしょう。

表1-7 理由の質を考える3つのポイント

問題点	例
個人的な理由	×「いま自分が使っているから」 ○「〜がいい所が他社製品とは違い独自性があるから」
主観的な判断基準	×「CMでよく見るので，売れていると思ったから」 ○「〜によると，〜は世界シェア1位だから」
曖昧で複数が該当する	×「社会貢献をおこなっているから」 ○「特に〜に力を入れて，社会に貢献しているから」

●サンプル

以下に実際に学生が書いたテーマ選択理由を紹介します。さて，この学生は何の企業について説明しているのでしょうか。

> 自分が好きな自動車に関連してA社について調べることにした。選択理由としては「そこまでシェアは大きくない」「独自の技術を持っている」の2つがある。1つ目の理由としては，日本の自動車会社としては「トヨタ」「ホンダ」はよく知られていて，どんな車をつくっているのかも大半の人はわかるだろう。よく聞くけれどみんながあまり詳しくは知らないだろうと思われる企業を選んだ。そして2つ目の理由は，ここが自分にとって選んだ一番の理由で，世界の自動車会社の中で唯一○○を生産し，そのエンジンを実用化した。これは，他の会社にはない独自技術でとても興味をひかれるものであったからである。

ポイント！
- テーマ選択し理由を聴衆と共有し，熱意を見せる
- 理由を階層的に考える
- 理由の説明で聴衆の関心をひきつける

課　題

第1回目のプレゼンテーションをふり返り，第2回目のプレゼンテーションのテーマ選択理由を階層的に考えてみましょう。

1-11 ストーリーに磨きをかける
Worksheet ☞ p.90　Management ☞ p.58

　本節ではプレゼンテーション全体のストーリーに注目し，魅力的な伝え方を考える方法を学習します。

◉全体から詳細へ

　どのような話でも，全体から詳細部分へという流れは基本になります。全体を示すことでそこに詳細部分を位置づけることができ，全体と詳細の関係がイメージしやすいため理解が簡単になります。発表内容の中に流れが逆になっているものがないか，もっとはっきり全体から詳細への流れを示せるところはないでしょうか。また，ある詳細部分だけぬきとって全体がわからなくなっていないかどうか確認してみましょう。

◉時系列順

　時系列とは時間の経過にしたがって整理・配置された流れのことで，過去・現在・未来が基本です。歴史の年表などは，途中で年号がひっくりかえることなく過去から現在にするのが原則です。ふつうわたしたちは年号や年月などは時系列に並んでいると想定するので，いつもと違うやり方を見たときに違和感を覚え理解がとまってしまいます。このことを避けるために，左から右，上から下に時間が流れていくようにするとよいでしょう。時系列になっているかどうか，不自然な流れになっていないか確認してみましょう。

◉いらないものは捨てる

　メッセージはシンプルであるほど心に残りやすくなります。伝えたいことがたくさんあったり複雑なものはプレゼンテーションには向きません。余計なものをそぎ落とす過程で自分がやりたいこと，本当に大事だと思っていることが見えてくるでしょう。100％調べたら，発表に使うのは50％以下でよいのです。残りは無駄になることはなく，見せている厳選された情報からそこはかとなく他に使われなかった資料があることが聴衆には伝わります。発表後の質疑応答の資料として使えることもあります。

◉リズム感を大事にする

　プレゼンテーションでは原稿をつくってもそれを読まないほうが質の高い発表になります。紙芝居で話す人が原稿を読んでいた場合を想像してみましょう。このような紙芝居で聴衆の心をつかむことができるでしょうか。つかめないとしたらなぜでしょうか。原稿を読むとよくないのは，聴衆の顔が部分的・一時的にしか見えないからです。聴衆の表情や様子を十分に見ないで気持ちをこめてメッセージを相手に届けることはかなり

難しいことです。

　相手の顔を見て話すと気持ちが伝わり，同じリズムを共有し一体感が生まれます。相手の反応を見ながらメッセージを調整することもできます。このようなリズムの中でことばに鮮やかな命が吹き込まれ，自然と抑揚や短いフレーズが生まれてきます。リズムをみんなで共有していなければ，ことばは単なる道具になり抑揚はなくなってしまうでしょう。リズムをつくる方法は漫才や落語などから学ぶことができます。プロはどのような技術を使っているのでしょうか。特にスライドを切り替えるときに工夫するとよいでしょう。

●聞き手が理解するスピードに合わせて話す

　人は新しいことを聞いたときそれを理解するまである程度の時間がかかります。一方，発表者は内容についてよく知っていますし，リハーサルでよどみなく話せるようになっていることでしょう。原稿を読むスピードは，聞き手が理解するのに必要なスピードよりずっと速いのです。困ったときに頼るために原稿を用意しておくことは悪いことではありませんが，原稿がなくてもどうにかなることを知っておくのも大事です。聞き手との共通点を考え，質問を想定したり，聞き手になって話を聞くつもりでストーリーをつくると説得力が上がります。「こう思われるかもしれませんが」など聞き手をまきこむ表現を有効に使ってみましょう。

●表面的には見えない部分を大事にする

　ストーリーの信頼性を高めるために，データが適切か点検してみましょう。急いでいるとそのとき見つけたものを使おうとしてしまうことがありますが，データこそ時間をかけて選ぶ必要があります。調査にかけた時間と労力は必ず聴衆に伝わります。がんばって探したデータは予想以上の働きをしてくれるでしょう。最新のものかどうか，信頼に値する情報源かどうか，データで示される情報量が適切かどうか，ストーリーを発展させるものかどうか吟味してください。

　プレゼンテーションでは表面的にはわかりにくい部分に注目すると聞き手の関心をひきつけます。たとえば，「どのような原理で動いているのか」「どのようなシステムが背景にあるのか」など目に見えないことについて説明すると，ストーリーにめりはりがつき面白さがより引き立つことでしょう。

ポイント！
- ●ストーリーは全体から詳細へ，時系列順に，シンプルに展開する
- ●聴衆と一体感を生むために抑揚でリズムをつくる
- ●聴衆の関心や心理に合わせ，表面的に見えないことを大事にする

　課　題
　本節で示したポイントの中で工夫できることを取り入れて，プレゼンテーション全体のストーリーを考えてみましょう。

1-12 シンプルに見せる

Worksheet ☞ p.92　　Management ☞ p.60

　本節では最終段階の仕上げとして，一ランク上のレイアウトの技術を学習します。わかりやすく伝えるために情報を精選します。

●キーワードを考える

　たくさんの情報を一枚のスライドにつめ込みがちですが，はじめてその内容を聞く人は複雑なことをたくさん一度に理解するのは難しいことを思い出しましょう。メッセージはシンプルであるほどぶれにくく一貫性が出てくるため聴衆の心をつかみます。一枚のスライドに複数のメッセージが含まれている場合や，メッセージが散漫な場合は，理解に時間がかかり聞き手を疲れさせてしまいます。言いたいことをわかりやすく伝えるために，それぞれのスライドのメッセージを一文のキーワードであらわしてみましょう。そしてそれがスライドの見出しや本文と関連しているかを確認しましょう。

●情報過多に注意

　スライドに図表など情報があればあるほど説明に時間がかかります。目安としては，1枚のスライドにつき図表は一つに限定した方がいいでしょう。複数の図表を使いたい場合は，いくつかのスライドに分けて紹介する方法もあります。一度に複数の図表を使いたい場合は，エクセル等を使って自分で図表を統一できないか考えてみましょう。図表や写真の見栄えも理解を支える大事な要素ですので，解像度や縮尺の比率に注意して，きれいな図表やグラフをつくりましょう。

　1枚のスライドに示す文字数が多いと聴衆は読むのに一生懸命になって発表者の話を聞く余裕がなくなります。スライドには文章ですべてを表現するのではなく要点のみを書いて，発表中に口頭で説明を補うとよいでしょう。準備段階では必要な情報をひとまず書き入れて，リハーサルの段階で不要な文章や情報を省いていきます。最後のこの作業があるかないかで，プレゼンテーションの洗練度は大きく変わります。

　何事もやや少ないくらいがちょうどよく感じます。書道を思い出してみてください。みなさんはどのような書が美しいと思いますか。多くの場合，紙全体と字のバランスがとれていること，字に強弱などメリハリがあること，余白を有効利用していることなどが挙げられるでしょう。スライドを半紙に見立てると，スライドづくりも書から見やすさ，美しさの原理を学ぶことがあります。

●図で示す

　文章で書いた情報を図であらわす方法もあります。文章を読むよりも関係が目で見てわかるため，理解に時間がかかりません。文章量も減らせることから，スライドの見た目

がシンプルになります。主なものに「リスト」「手順」「循環」「階層構造」「集合関係」「マトリックス」「ピラミッド」などがあります。これは PowerPoint2007以降の SmartArt を使って簡単につくることができます。それぞれの説明は Microsoft 社のサイト（Office.com）や解説書に詳しく記されているので，一度は目を通しておくと参考になります。

表1-8　情報を整理するための図の一例

図の種類	説明	例
リスト	情報を箇条書きする	風力発電機の設置条件
手　順	一連のステップを示す	風力発電のメカニズム
循　環	循環するステップを示す	生態系
階層構造	上下関係など階層を示す	企業の組織図
集合関係	対立・包含等の関係を示す	発電方法の分類
マトリックス	全体と各部分の関係を示す	発電方法のメリット
ピラミッド	比例関係を示す	理由の質

●視覚以外の感覚に訴える

　スライド作成をどんなにがんばっても，それは視覚から取り入れてもらえる一部の情報に過ぎません。人には視覚，嗅覚，触覚，聴覚，味覚という5つの感覚があります。これらの感覚をたくさん使うほうが1つだけの場合よりも深く理解できます。プレゼンテーションの最中に実際に何かを味わってもらったり，匂いを嗅いでもらうのには限界がありますが，ことばで感覚に訴えることは可能です。たとえば「山林の中を歩く時の土と木の匂い」「つるっとして滑らかな触り心地」「きのこのような食感」など，いろいろな感覚に響く表現を使うことで，具体的なイメージを引き起こすことができます。プレゼンテーションはスライドをつくることが中心になってしまいがちですが，それ以上に伝え方の工夫が必要です。

ポイント！
- 伝えたいことをキーワードにする
- スライド一枚に含める情報やレイアウトをシンプルにする
- 視覚以外の感覚に訴える説明を考える

課　題
　一枚のスライドのレイアウトを確認してみましょう。図で置き換えられる情報があれば図を作成し，説明方法を工夫してみましょう。

1-13 聴衆を巻き込む
Worksheet ☞ p.94　　Management ☞ p.62

本節では本番の発表で持てる力を出し切って，プレゼンテーションを楽しむ方法を学習します。

●本番3日前からの準備

いよいよ2回目の発表です。これまでの入念な準備を最大限に発揮する方法を考えてみましょう。まずは，前日から発表ははじまっていると考えます。発表当日に遅刻したり，直前にいやな気持ちになるようなことがあれば発表にも影響が出ます。そうならないために，2-3日前から必要なものを確認するなど準備をはじめます。当日ベストな健康状態になるように睡眠や食事に気を付け健康管理もします。

発表当日の朝に慌てないためにも前日の準備は特に重要です。発表で着る服装の準備をして，当日の朝，悩むことがないように必要なものをそろえておきましょう。普段着ることの少ない特別な服装のときには，事前にすべて着用し，着慣れることも大事です。そうすることで足りないものに気付くことができます。発表者の身なり，服装，健康状態はプレゼンテーションの成功を決める土台となります。

●発表直前の準備

プレゼンテーションの直前には自分の精神面にも注目しましょう。試験やスポーツと同じように，プレゼンテーションでもどういう気持ちで取り組むかによって成果が変わってきます。大事なことは，「きっとよいプレゼンテーションになる」というイメージで心をいっぱいにすることです。そうすればおのずと力がわいてきます。最初から最後まで実際にリハーサルをすると見通しができます。スライドを印刷したものを持ち歩き何度も頭の中でシミュレーションするといいでしょう。

発表は必ず制限時間内に終わるように調整をします。イメージを膨らませておくことで自信が生まれ，不慮の事態にも落ち着いて対処できるでしょう。制限時間内に収まれば，全体の見通しが立てられたと言えます。スライド作成は発表直前までやらないように早い段階で区切りをつけ，時間調整に労力を割くことがとても重要です。

●聴衆に質問する

発表の途中で聴衆に向けて質問をしてみましょう。「これについてみなさんはどう思いますか」「どちらが正しいと思いますか」というように，説明と説明の間に聴衆が抱くと思われる質問をプレゼンターが聞くことで，聴衆は直接プレゼンターと対話をしているような気持ちになります。そうすると，聴衆自身も発表に参加している感覚が生まれ，より積極的に発表を聞いてくれるでしょう。

質問は慣れるまで恥ずかしさがあるかもしれませんが、自分が聴衆になった時に発表者に質問してもらうと効果がすぐにわかるでしょう。質問すると下を向いていた人がぱっと顔を上げて発表者を見ることが確認できます。大げさに言う必要はなく、説明に疑問文を入れるだけです。聞いている人をあてて回答してもらう必要はありません。大事なことは、聴衆を話に引き込むということです。その手段の1つとして質問は失敗が少なくかつ即座に効果が出ます。

●質疑応答を利用する

　発表後の質疑応答が苦手な人は多いかもしれませんが、質疑応答は聞き手の理解を深めるチャンスです。質問者は一人であってもそれについて疑問を持った人はもっとたくさんいると考えていいでしょう。質問に回答するだけでなく、その過程で発表の意図や目的と関連させて詳しく説明することができます。質疑応答では聴衆は回答の適切さだけではなく、発表者の人格などを含めて総合的に判断しています。質問者には感謝し、誠実に対応しましょう。質問と対応は主に以下のように分類できます。

❶内容を確認する質問……説明が聞き取れなかったり不十分だった時にされる質問です。発表した内容と関連させて答えればよいでしょう。
❷補足説明を求める質問……発表内容について説明を追加して欲しい時にされる質問です。知らないことを聞かれたら誠実に知っている範囲で答えましょう。
❸内容の適切性を問う質問……データや根拠などが主張を支えるのに適切かどうかを問うものです。回答としては、なぜそのデータ等を使ったのか選択理由を説明したり、情報源や調査時期についても言及するとよいでしょう。
❹内容に関連した聴衆の個人的な質問……内容に関連して自分の関心のあることを相談するものです。知らないことを聞かれる可能性があるため、知らないことは正直に答えましょう。
❺まとはずれな質問……対処に困る質問と言ってもよいでしょう。質問の意図がわからない時には回答する前に質問内容を確認しましょう。それでもわからない時には、質問者を尊重しつつわかる範囲で答えれば十分です。

ポイント！
- 発表の3日前からシミュレーションし、物理的・心理的に準備を整える
- 発表中に聴衆に質問を投げかけて積極的に聞いてもらう
- 質問に対して誠実に対応し、質問者には必ず感謝する

課　題
　発表前に自分のプレゼンテーションに対する気持ちや目標を確認し、グループで共有しましょう。発表が終わったら、自分の発表を振り返ってみましょう。

1-14 他者から学ぶ

Worksheet ☞ p.96　Management ☞ p.64

　本節では他の人の発表を聞いて，自分の学びに変える方法を学習します。他者から何をどう学ぶかについて学習しましょう。

●多くの人の心を引きつける何か

　人の判断基準はまちまちでその場の雰囲気によっても変わります。たとえば発表の順番はどうでしょうか。一番手と最後だったら評価の点数が変わってくるかもしれません。また自分の発表の前後がどのような発表かで発表の印象も変化するでしょう。しかし，こういった諸条件を考慮してもよいものはよいものです。それでは多くの人たちが「よい」と判断する根拠は何でしょうか。

　理由は内容かもしませんし，伝え方かもしれません。その他の要素かもしれません。みなさんはプレゼンテーションの評価を学んでいる一方で，人の評価の原理についても学んでいます。人がどのようなものをどのように評価するか，その評価と自分の評価にギャップはあるのかどうか，文化が違うとその評価が変わるのか，このようなことを探求することはプレゼンテーションだけでなく様々なことにおいて役立ちます。

●多くの人の心を離す何か

　よいプレゼンテーションから学ぶことはたくさんありますが，よくないプレゼンテーションから学ぶこともたくさんあります。プラスアルファのコツを多く学んでも標準に満たない部分が残されていては，よいところが台無しになってしまいます。よいところはまねしつつ，よくないことをまねしないように気をつけましょう。

　人の発表を聞いて自分の心が離れるポイントを考えてみます。どういう時にがっかりしたり退屈しましたか。聞き手としての自分を分析すれば多くのことを学べます。自分が発表者の場合，聞き手から批判されても立場が違うため受け入れにくいものですが，自分が聞き手の場合は他の人のプレゼンテーションに対する批判を参考にしやすいからです。常に第三者としてプレゼンテーションを見る自分を心の中に住まわせることで，わかりやすさのコツをつかみやすくなります。

●1番と2番の差は何か考える

　自分が発表者の時には自分のことで精一杯になることでしょう。一方で，評価者の立場で複数のプレゼンテーションを評価すると，それぞれの発表のいいところや改善点が手に取るようにわかります。何気ない言動によってプレゼンテーションが台無しになったり，逆に輝きを増したりすることがあります。その一つひとつを学びとして取り込んでいくことがよいプレゼンテーションへの近道です。

大まかによいプレゼンテーションとよくないプレゼンテーションを見分けることは簡単です。それでは，1番と2番のプレゼンテーションの差はどうでしょうか。よいプレゼンテーションを比較して順位をつけることは意外に難しいものです。平均以上になるとどのプレゼンテーションもそれぞれ個性があって持ち味があるからです。それでも，複数の評価者で投票すると順番がつきます。この多数決で決まる順番によいプレゼンテーションの秘訣が隠されています。

●評価について議論する

複数の評価者で集まってプレゼンテーションのどこをどういうふうに評価したかについて議論してみましょう。これは価値に関する議論です。「Aグループの発表は他のグループの中で1番よい」や「Aグループの発表はBグループの発表よりよい」などが論題になります。そこで評価基準について議論すると，高得点だったことは共通していても，どこをどう評価しているかに違いがあることに気付くでしょう。

様々な評価結果やその過程を発表者と共有すると，発表者の方も自分たちががんばったところをほめられることもあれば，意識していないところを評価されることもあります。このように，自分と他者の評価基準や価値観，判断の過程を知ることは重要なことです。この議論で得られた評価についての知見は，人生のあらゆる局面で貴重な手がかりになるはずです。

●評価も上達する

これまで練習を重ねることでプレゼンテーションが日に日に上手になったのが実感できたことと思います。それと同じように，みなさんの評価者としてのスキルも評価を重ねるごとに上達しています。最初はぼんやり「なんとなくよい」と感じていたことも，「どこの何がどのようによい」「他とどのように違う」というように，自分の考えをわかりやすく伝えられるようになっているのではないでしょうか。これもプレゼンテーションの学習効果の一つです。見る眼のレベルが上がれば，スキルも向上します。日頃からいろいろなことについて評価して，他の人と共有し学びのチャンスにかえましょう。

ポイント！
- 他のプレゼンテーションからよいところも悪いところも学ぶ
- 人の評価基準を知り，微妙な評価の差を他者に説明できるようになる
- 評価のスキルも訓練によって上達する

課　題
他の人の発表を聞いて，評価をしてみましょう。上手なプレゼンテーションはどのような評価でしたか。他の評価者との共通点や相違点を考えてみましょう。

1-15 プレゼンテーションのまとめ

Worksheet ☞ p.98　Management ☞ p.66

　本節では最後の講義として，2回のプレゼンテーションを振り返り，今後の学習に役立たせます。

◉2回のプレゼンテーションを通して学んだこと

　みなさんはこれまで2回プレゼンテーションをおこないました。はじめて本格的なプレゼンテーションを体験した人も多かったことでしょう。準備から本番で一連の流れの中で何を学びましたか。プレゼンテーションの個々のスキルはもちろんのこと，課題に取り組むマネジメントのやり方も学んだことでしょう。この他にどのようなことを学んだか考えてみてください。

　プレゼンテーションとマネジメントは本書が想定する学びの柱でした。これらの学びを通して自分自身についての理解が一層深まったのではないかと思います。プレゼンテーションとマネジメントは，自分の考えを他者にどう伝え，自分をどう管理するかということです。つまり，どちらも自分についての学びを深めていたことになります。

◉インプットあってのアウトプット

　プレゼンテーションでは情報の質と量がものを言うことがわかった人も多いと思います。どんなに伝え方が上手でも内容が薄ければいい発表はできません。どうにかなる場合もあるかもしれませんが，伝え方だけバランス悪く磨きをかけていくと，詐欺まがいのことにたどり着くでしょう。何かをプレゼンテーションしたければ，表面的な説明で満足するのではなくその中身を取りに行く労力を惜しんではいけません。

　これはあらゆる学習でも同じことが言えます。知っていることは氷山の一角に過ぎず，世の中には山ほどわたしたちの知らないことが残されています。知っている範囲で何かを出し続けるのでは必ず資源が尽きます。知らないことを探り続けることで，自分の考えも新しくなり価値も高まるでしょう。インプットがあってこそアウトプットもできるのです。

◉学びが与える信頼感

　勉強にはおもしろくないこともあります。無理やり知識をつめ込もうとするのではなく，疑問を持ったときにすぐに調べる習慣をつけましょう。その時は「あ，そうか」で終わったことも，それが蓄積されればおどろくような量になってみなさんの財産になるでしょう。どんな知識も無駄ということはありません。生活する中で生じる疑問についての学習はいつかどこかで必ず役立ちます。直接その知識を使う機会がなくても，知識と知識がつながり，元々はそれを知っていたからできたということはたくさんあるので

す。
　こうした地道な努力は誰にも見えませんが自分はよく知っています。そしてこの積み重ね，つまり「知らないことを知ろうする」「わからないことを学ぼうとする」。このことはその人の誠実さのあらわれとして他者に知れわたります。誰でも知らないことを知ったふりをする人は信用できないでしょう。人は態度やことばや表情からその人のインプット・アウトプットの様式を意識的にも無意識的にも察知し，それを手がかりにその人の信頼性を判断しているところがあります。

●人に開く感覚

　プレゼンテーションをすることで，いろいろな人にいろいろなことを言われたでしょう。時にはむっとくることもあったかもしれません。がんばって発表したにもかかわらず，思うような評価をもらえなかったり，批判された人もいることでしょう。それでもよいのです。その経験こそがみなさんを成長させてくれます。精一杯自分を出し切って，それに対する評価はどのようなものでも甘んじて受け入れ，バネにすることでいくらでもパワーアップしていきます。準備するとき，話すとき，評価するとき，どんな時にも「こういうものだ」と決めつけて自分に閉じることなく，他者の意見をありのままに受け入れ人に開く感覚を忘れないでください。みなさんの本物の自信に磨きをかけてくれるはずです。

●人のふり見て我がふりなおせ

　他の人のプレゼンテーションを聞くと，よい点や残念な点が手に取るようにはっきりわかりますが，自分のプレゼンテーションについてはよくわからなかったはずです。人のことはわかるわりに自分のことはわかりにくいものです。「人のふり見て我がふりなおせ」とはよく言ったもので，他者のよいところはまねて，悪いところは自分もなおすという姿勢が物事を学んでいく上で最も重要です。うまくいっていたとしても，今の自分に足りないところはないかどうか，自分の中にいる他者の目で厳しく眺めてみましょう。社会人としてのマナーやルールを身に付けるためには，こうした基本的な姿勢を日々忘れず，自分を律することが重要です。

> **ポイント！**
> - インプットがあってはじめてアウトプットできる
> - 学ぶ姿勢が他者に信頼感を与える
> - 批判を受け入れ人に開く感覚をもち，あらゆることから学ぶ姿勢が重要

　課　題
　これまでの授業を振り返って，プレゼンテーションを通じて自分が何を感じ何を学んだのか気付いたことをまとめてみましょう。

Chapter 2
マネジメント編

2-1 目標設定❶

Worksheet ☞ p.102　　Presentation ☞ p.6

本節では課題に取り組む時に必要なアクション（行動する力）のうち，チーム作りとアイデアをまとめることに焦点を当て，作業の進め方を学習します。

●仲間と協力して何かをつくりあげる

一人でできないことでも数人集まればできることがあります。逆にグループの人数が増えるとうまく進まないこともあります。社会人になると友達ではない初対面の人と突然一緒に仕事をしなければいけません。それまでに，仲間と協力して何かをつくりあげることを学んでおくことが大事です。

「自分は少しくらい手を抜いていいや」という消極的な態度では他の人は困ってしまいます。一人がこのような態度をとると，他の人のやる気まで下がってしまいます。自分が積極的に取り組むことで，他の人は影響を受けてさらに積極的になります。複数で作業をする場合には，リーダーを決めて役割分担すると物事を決めやすくなり作業の効率が上がります。メンバーはリーダーからの指示を待つだけでなく，フォロワーとしてリーダーが仕事をしやすくなるように働きかけることも重要です。

●議論してテーマを決める

違う意見を持つ人と議論して一つのことを決定する能力は社会人になって働く上で重要です。会議・打ち合わせ・ミーティングなど呼び方は変わっても集団で意思決定することは避けて通れません。みんなで議論して１つのことを決めるときには，議論の方法によってよい決定ができるかどうかが決まります。何かが決まったとしても多くの人が不満を残すようであれば，それはよい決定とは言えません。どのようにして決めるかが，決定の良し悪しはもちろんのこと，決定後の良し悪しも決めると言えます。こうしてメンバーといろいろなことについて議論する過程で，お互いの考え方や価値観を理解し，チームとしての目標を共有することができます。

●ブレインストーミングの手順

どのようにすればよい議論ができるでしょうか。意思決定を伴う議論に欠かせないいくつかの手続きがあります。意思決定の内容によって手続きは変わってきますが，基本的なものに以下のプロセスが挙げられます。

❶一人でアイデアをたくさん出す。
❷個人で出たアイデアをグループで共有し，１枚の紙にまとめる。
❸２の中で関連するもの同士を丸で囲むなどしてまとめる。

❹3でまとめたものをさらにまとめる。
❺絞ったものから連想されるテーマを考える。

大事なことは，❶で各個人でアイデアを出した後に，❷でみんなで持ち寄って考えるということです。一人では考えられなかったアイデアがあることに気付くでしょう。この手続きを取ることで，だれか一人がテーマを決めて他の人が一切関わらないような事態を避けることができます。みんなでテーマ決めに参加することによって，みんなで決めたという共通認識を持つことができます。この認識がその後のプレゼンテーションの作業をうまく進めていく上で重要です。テーマが絞られたら仮のタイトルを考えてみましょう。

●第1回プレゼンテーションのテーマ

1回目のテーマはクリーンエネルギーについて発表してもらいます。グループを作りブレインストーミングの手順に従って，クリーンエネルギーから連想されるものについて思いつく限り書いてみましょう。この段階では正しいかどうか難しく考えずに，頭に浮かんだイメージをできるだけたくさん挙げてみます。

- エコ
- 二酸化炭素を排出しない
- きれい
- 最先端の技術

一通り書き終わってリストをよく眺めてみると，似たようなものがあるはずです。いくつかのまとまりからどのような具体的なテーマが見えてきますか。グループでどのテーマにするか話し合いましょう。どのようなプレゼンテーションにしたいか，本番までどのように作業を進めていけばいいか，どのように役割分担するのか，大まかな見通しをみんなで共有しましょう。

ポイント！
- 人と協同で作業する能力は仕事に不可欠
- グループ作業を効率化するためには，リーダーとフォロワーの役割分担が役立つ
- グループで何かを決定する時には，ブレインストーミングしてから議論するとまとめやすい

課　題
第1回プレゼンテーションに向けて，グループで役割分担しましょう。テーマ決めのためにブレインストーミングをして，テーマを決定しましょう。

2-2 タイムマネジメント❶

Worksheet ☞ p.104　Presentation ☞ p.8

　本節では，プレゼンテーションに限らずどのような課題に取り組む時にも大事な観点となる時間のマネジメントについて学習します。

◉マネジメントとは

　マネジメントとは経営管理ややりくりを指すことばで，個人が何かの課題に取り組む時の方策や調整を含む管理をおこなうこととしても使われます。みなさんのなかには多くの講義に出席し，予習復習をこなしながら，バイトやサークルと両立している人も多いでしょう。生活習慣がいったんできあがるとスケジュールを深く考えずに毎日を過ごしがちですが，試験前など複数のやるべきことが出てきた時にスケジュールがうまくいかず慌てたことはないでしょうか。そんな時，「何から早く片付けるか」「キャンセルできるものはないか」「誰かに頼れるか」「延期できるものはどれか」などうまく全部をこなす方法を考えることでしょう。これがマネジメントの基本的な考え方です。

◉勉強も仕事もマネジメント次第

　どんなに困難で不可能と思えるようなことも，マネジメント次第で実行可能性を高めることができます。たとえば，オールAで卒業するという課題は不可能ではありませんがなかなか難しいです。そこで，4年次終了時にオールAをとることを最終目標として，その間に必要なことを短期間に区切って分割してみます。4年間オールAということは，毎年オールAでなくてはいけません。1年間でオールAということは，前期にまずオールA，そして後期にオールAというふうに，Aかどうかが決まる時期として4年間×2回の8回の試験でよい成績をとっていかなければいけないことがわかるでしょう。

　このように，何も考えずにただ目の前のことを片付けていくだけでは到底達成できないことでも，目標をあらかじめ設定し，そこから逆算して短期的な成功を積み上げていくことで達成可能性を高めることができます。無理な夢とあきらめないで，どうしたら実行できるか考えてみましょう。仕事では納期を守るために，マネジメントが不可欠です。

◉大学でタイムマネジメント能力をみにつける

　日常でマネジメントすべき事柄はたくさんありますが，その中でも時間のマネジメントは最も重要と言えるかもしれません。高校ではみんなで時間割を共有して，学校が終われば帰宅して自由時間を過ごしたでしょうが，大学では一人ひとり時間割が違うだけでなく，自由時間が大幅に増えます。この自由な時間をどのように過ごすかはみなさんの自由なのです。言い換えると，この自由時間を将来の夢のために能動的に過ごすか，ただ今の時間を過ごすだけになるかで卒業時には大きく差が出てきます。

タイムマネジメントを効率化する方法は人によって違いますが，基本的には手帳を使いこなすことから始めるといいでしょう。手帳にただ予定を書き入れるだけでなく，目標から逆算して1日にやるべきことを分割して自分の予定に自ら組み入れていきます。予定と現実は違うかもしれませんが，予定を立てる時点で自分ができる量にすることと，できなかった場合の対処法（次の日に多めに自由時間を確保しておくなど）を考えておくことも大切です。まずは手帳を買って，一日に何度も見直したり書いたりする時間をつくりましょう。そうすると，自分の持ち時間が見えてくるはずです。慣れてきたら1日や1週間の短期，1ヶ月から3ヶ月の中期，一年の長期など，時間のかたまりとして捉えると予定が立てやすくなります。

●プレゼンテーションにおけるマネジメント

プレゼンテーションでもマネジメントを理解しておくと効率よくよいものを作成することができます。プレゼンテーションはただ意見を伝えるのではなく【聞き手のニーズ】を踏まえて，話し手側の【制約】の中でつくり上げていくものです。聞き手のニーズは，「何を聞きたいか」などの要望のことです。制約には，時間的制約（発表までに残された準備時間），物理的制約（プレゼンを作成するのに必要な機器），個人的制約（これまでのプレゼンテーションの経験や能力），人的制約（手伝ってくれる人）などが含まれます。これらを総合的に考慮し，チームで最大限の力を発揮しなければなりません。ただスライドを作って発表するだけでなく，適切なマネジメントがあってはじめてよいプレゼンテーションができます。以下のようにこれからのプレゼンテーションについて考えてみましょう。

課題：やるべきこと，完成すべきこと。
目標：課題を通して成し遂げたいこと，成長させたいこと。
聞き手のニーズ：プレゼンテーションに何を求めているのか。
制約1　時間：完成までに何時間使えるのか。
制約2　モノ：完成までの過程で何が使えるのか。
制約3　人：1人でやるのか，誰かが手伝ってくれるのか。
制約4　コスト：お金や労力はどれくらいつぎこめるのか。

ポイント！
- マネジメントは経営管理ややりくりを指し，生活全般に関わっている
- マネジメント次第で難しい目標も達成できる
- 効率的なマネジメントによってよりよいプレゼンテーションができる

課　題
プレゼンテーションにはどのようなマネジメントが必要が考えてみましょう。目標を達成するために何をすべきかグループで議論してみましょう。

2-3 説得力と自己分析❶

Worksheet ☞ p.106　Presentation ☞ p.10

本節ではプレゼンテーションに取り組むにあたって現在の自分を分析し，自己理解を深めることで説得力を増す方法を学習します。

●説得力を支える3要素

プレゼンテーションに限らず説得力を高めるためには，ロゴス（論理），パトス（熱意），エトス（人格）の3つをバランスよく兼ね備えていることが重要です。簡単に説明するとロゴスは「話のわかりやすさ，理解しやすさ」，パトスは「話し手がどれだけ熱意をもっているか，気持ちの程度」，エトスは「話し手は信頼に足る人かどうか，嘘はつかないか」と言い換えることができます。

プレゼンテーションでは論理がなければ聞き手は話し手の言いたいことをつかめないためプレゼンテーションにおいてベースになります。一方で，たとえ論理的に説明しても，話し手にやる気がなかったら聞き手はどう思うでしょうか。また，見るからに疑わしい外見だったり，人の悪口を言うなど倫理に反する言動があっては，その人の言うことを鵜呑みにできないと感じるでしょう。このように，プレゼンテーションが論理的だからといって説得力があるわけではありません。3要素のうち熱意と人格の部分をしっかり意識することでよい発表ができることでしょう。論理性を高めるためには構成をしっかり立て，論理的な表現で説明をすることが役立ちます。それでは，人格や熱意はどのように練習すればいいのでしょうか。

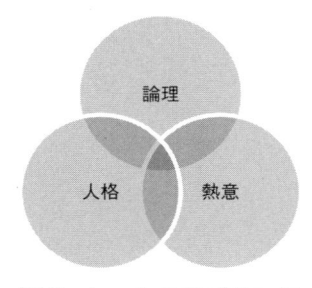

図2-1　3つのバランス

●自分が知らない自分に気付く

	自分が知っている	自分が知らない
他者が知っている	第1枠 開放の窓 「公開された自己」 (open self)	第2枠 盲点の窓 「自分は気がついていないものの，他人からは見られている自己」 (blind self)
他者が知らない	第3枠 秘密の窓 「隠された自己」 (hidden self)	第4枠 未知の窓 「誰からもまだ知られていない自己」 (unknown self)

図2-2　ジョハリの窓

人格と熱意は，自分で見る自分と他者が見る自分の間にギャップがあります。「ジョハリの窓」は，他者とのコミュニケーションを考える上で参考になるでしょう。ジョハリの窓とは，アメリカの心理学者ラフトとインガムのファーストネームを組み合わせて名づけられ，他者とのコミュニケーションにおいて人がどの程度自分を出したり隠したりするかをわかりやすく示したものです。縦の並びで見ると，第1枠と第3枠は「自分が知っている」項目で，第2枠と第4枠は「自分が知らない」項目です。横の並びで見ると，第1枠と第2枠は「他者が知っている」項目で，第3枠と第4枠は「他者が知らない」項目です。

ジョハリの窓には4つの枠組みがあり，第1枠の「開放の窓」は，「自分も他者も知っている自分」です。第2枠の「盲点の窓」は，「自分は知らないのに他者は知っている自分」です。第3枠の「秘密の窓」は，「自分は知っているが，他者は知らない自分」です。第4枠の「未知の窓」は，「自分も相手も知らない自分」です。この4つの窓はそれぞれ関連していて，一方が大きくなれば他方は小さくなります。他者が身近な人かあまり知らない人かによっても自分の在り方は変わります。また自己と他者の関係について考え方は文化差があると言われています（石井ら，1997）。

プレゼンテーションにおいては，様々な人からフィードバックをもらい第2枠の「盲点の窓」を小さくすることで，自己評価と他者評価とのギャップを小さくすることができます。たとえば，伝え方については「話すスピードが遅い／速い」「声が大きい／小さい」など，考え方については「前向き／後ろ向き」「独断的／協調的」など，自分の認識と他者の認識が違うケースはたくさんあります。自分の気付かない窓があることを認識し，自分の課題を他者に指摘してもらって改善していくことが重要です。自分が知っている自分が多いほど自信をもって発表ができるでしょう。

●熱意となって表れる目的意識

プレゼンテーションにおける発表者の熱意は，プレゼンテーションに対する目的意識に表れます。授業の課題だからやるのではなく，自分なりの目的を考えてみましょう。自分の好きなことや知りたいことを調べていれば，おのずと気迫や情熱が生まれてくるものです。プレゼンテーションが上手になりたいという意欲や，聴衆に自分の言いたいことをわかってもらいたい，という前向きな姿勢がいいオーラをつくりだすことでしょう。

目的を考える際には，自己分析をしっかりおこなうことが大事です。自分がどのような気持ちでどのようにプレゼンテーションに取り組んでいるのか。何を成し遂げたいのか。このような質問を自分に問いかけ，整理することでスムーズに課題に打ち込むことができます。話し手自身が楽しんでいる様子は必ず聞き手に伝わります。他者のプレゼンテーションを聞いて，熱意がいつどのように伝わってくるか観察してみましょう。

ポイント！
- 説得力を支える3要素として，論理，熱意，人格がある
- 他者評価と自己評価のギャップを埋める
- 目的意識や思い入れが熱意となって聞き手に伝わる

課　題
説得力を支える3要素やジョハリの窓と関連させて，自己評価をしてみましょう。3要素をバランスよく身に付けていますか。今後どのような課題があるかを考えて，グループで話し合いましょう。

2-4 進捗状況の確認❶

Worksheet ☞ p.108　Presentation ☞ p.12

本節では中間段階でこれまでの作業の進み具合を確認し，残りの時間で理想のプレゼンテーションができるように見通しを立てます。

●目標達成までの道のり

7回で1つのプレゼンテーションを完成させるとすると，4回目は中間にあたります。どのような課題も途中で状況を確認することで目標を達成する可能性が高くなります。これまでの道のりを振り返ることで問題点が明らかになり，そのまま失敗してしまう前によくないところを修正できるからです。いいところはそのまま継続することで，目標達成に近付くことができます。

プレゼンテーションの7つの作業段階をあらためて見直してみましょう。1回目から3回目の講義で扱った「枠組みの理解」「構成」「表現」は上手にできているでしょうか。4回目から7回目の講義では「ストーリー」「レイアウト」「発表」「反省と評価」を扱います。今までのやり方でこのまま順調にいくかどうかシミュレーションしてみましょう。課題はパワーポイントの作成だけではありません。グループの協力体制や役割分担，作業効率はどうでしょうか。見通しを立てる上でもう一度スタート地点に戻って，課題・目的・聞き手のニーズ・様々な制約を確認することが役立ちます。

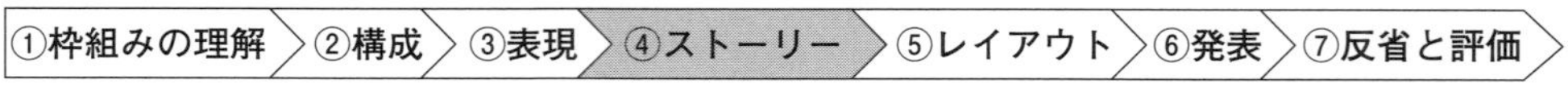

①枠組みの理解〉②構成〉③表現〉④ストーリー〉⑤レイアウト〉⑥発表〉⑦反省と評価〉

図2-3　プレゼンテーションの7つの作業段階

●途中経過の評価：「内容」「レイアウト」「表現」

ここで確認すべきことは主に「内容」「レイアウト」「表現」の3つです。「内容」は個々のスライドの情報のことです。「レイアウト」は文字の大きさやスライドの文字や図表の配置などの見せ方の部分です。「表現」は，本番のプレゼンテーションで聴衆に理解してもらうことを意識した伝え方などの工夫のことです。この3つがバランスよく準備されていることが重要です。どれか1つでも欠けていると聴衆の心をつかむことは難しくなるでしょう。ワークシートのチェック表を使って，みんなでスライドを確認していきましょう。足りないところがあればテキストを読み返して修正しましょう。

●得意分野に気付く

何も考えずに課題に取りかかるのではなく，目標を立て，制約条件の中でどのようにすればいいかについてのマネジメントを学習しました。その後，3回の講義を経て実際のみなさんの行動はどうだったでしょうか。

プレゼンテーションではやるべきことがたくさんあります。情報を収集したり，スライドの構成を考えたり，伝え方を工夫したり，同時に様々なことをおこなわなければなりません。プレゼンテーションの準備ははじまったばかりですが，これまでの講義の中で自分が「おもしろい」「楽しい」と思ったことがあったのではないでしょうか。一方で，「これはやりたくないな」「難しいから苦手だな」と思ったこともあったでしょう。このように1つの作業の中に「楽しいこと」と「楽しくないこと」が混ざっていることはよくあることです。興味深いのは，「楽しいこと」と「楽しくないこと」は人によって違うことです。自分は「楽しくない」と思っていることでも，誰かにとっては「楽しい」ことかもしれません。グループで仕事をするおもしろみは，人との違いから自分の興味関心が浮き彫りになって自己理解が深まるところにあります。

●フィードバック分析

　苦手なところを得意にするのはハードルが高いですが，ふつうのレベルまで持っていくのはまだ簡単です。一方で得意なところはやればやるほど楽しくなるでしょう。得意なことを強化して，苦手なことを平均的にすることがみなさんの個性を育てます。
　マネジメントの権威であるドラッカーは以下のように考えることが重要だと言っています（中野，2011）。❶〜❸の考え方は期待と結果を比較してそのズレを確かめるのに役立ちます。

❶当初の期待通り達成できたこと
❷一生懸命取り組んだこと
❸期待はずれに終わってしまったこと

　さらに，❹〜❻のように現在までの結果を基に新たな目標を設定することで効果を上げることができます。得意分野と苦手なところに加えて，強化するところを明らかにすることでまた一歩目標に近づきます。

❹これから集中すべきこと
❺改善すべきこと
❻さらに勉強すべきこと

ポイント！
- 中間段階で作業の進み具合を確認することが大事
- 「内容」「レイアウト」「表現」のバランスを認識する
- 課題の過程で見つかった得意分野は強化し苦手なところは平均化する
- 目標達成にはフィードバック分析が役立つ

課　題
　フィードバック分析を使って，これまでの過程を振り返ってみましょう。そして今後の目標を再設定しましょう。

2-5 相互評価❶

Worksheet ☞ p.110　Presentation ☞ p.14

本節では発表前の最終確認としてプレ発表と相互評価の方法を学習し，本番に向けた見通しを立てます。

●準備段階から本番を意識する

スライド作成が仕上げ段階に入ったら，もっと修正をしたいことがあったとしても，区切りをつけ残り時間を伝え方に当てる方が本番の発表がうまくいきます。内容と伝え方の重要性は同じくらいと考えて，内容の準備量に見合う伝え方の練習をしなければいけません。

わかりやすく聞き手に伝えるためには自分で内容を十分に把握している必要があります。何度もスライドを確認して，どのスライドにどのようなことが書かれているか覚えましょう。発表では，原稿を見ながら話してよい場合でも，見ないで話す方が説得力があがります。原稿を読めばいいやという気持ちで準備すると，気持ちがスライドに入りにくくなります。文章を書いたり，構成を作成している段階で原稿を見ないことを想定していると，「これは原稿を見ないでもしっかり説明できるな」とか「原稿がないと説明がうまくいかないかも」というふうに自分の中で対話が生まれてきます。準備の段階から本番で自分が話すことを想定しておくことが重要です。

●練習で自信をつける

グループのメンバーや身近な人に聞き手になってもらって，最初から最後まで本番同様に発表（プレ発表）をしてみましょう。あらたまった場で話してみると，説明しにくい部分や説明しやすい部分が見えてくるはずです。以下のようなことを考えながら発表すると，自分の課題が見つかるでしょう。

- 言葉につまらずに自信をもって説明できるかどうか
- 質問されたら答えられるかどうか

プレ発表が終わって課題が見つかったら，スライドや原稿を修正します。他の人に問題を指摘されても変えたくない部分があるかもしれません。それでも，プレゼンテーションは聴衆の評価がすべてです。聞き手の評価を，厳しいこともきちんと受け止めて改善することで，一回りも二回りもよい発表になるでしょう。このような練習を繰り返して試行錯誤することで，本番でもうろたえない自信がつきます。

●相互評価の方法

プレ発表では伝え方と内容について評価をします。評価には，10項目の議論の評価基

準が役立ちます。それぞれが担当部分を発表し，それを聞いている人は項目に沿って点数をつけます。このようにグループで相互に評価することによって，よい点や悪い点を比較することができ，自分の課題が見えてきます。特に点数が低かった項目に注目しましょう。

　本番までの時間が迫ってきた段階では，マイナス部分を平均レベルに上げることで全体のバランスがよくなります。発表本番では練習よりもたくさんの聴衆がいることでしょうから，会場を確認して，広く部屋を見わたしアイコンタクトがでできるかどうかイメージを膨らませておきましょう。緊張すると話すスピードが速くなり，本番は準備よりも早く終わりがちです。練習で制限時間内に2回収まれば本番もうまくいくと考えてよいでしょう。

●どんな服装をするか

　スライドの準備が整い，伝え方の見通しがたったところで，本番で何を着るか考えてみるとよいでしょう。人前に立って話をする時には，人の時間をいただいて話を聞いていただくという姿勢が大事です。謙虚な気持ちで聴衆を尊重することは発表以前の重要な問題です。場にそぐわない格好ではプレゼンテーションが始まる前から聞く耳をもってもらえないこともあります。

　着るものは必ずしも高価でおしゃれなものである必要はありません。清潔感が最も重要です。しわやほこりがないかチェックして，聞き手に自分のことを信用してもらうに足りる外見がどうか考えてみましょう。服装だけでなく，髪型や身に付ける小物やアクセサリーもみなさんがどのような人かについてのメッセージを送ります。状況や分相応な服装か客観的に見てみましょう。他の人に適切かどうか相談するのも有効です。

　普段，大学では好きな服を自由に着ることができますが，仕事場面では相手に与える印象を考慮して服装を選ぶ必要があります。服装にはフォーマル（格式ばった服）とインフォーマル（くだけた服），セミフォーマル（その中間）という区別があります。大学生のうちにインフォーマルだけでなく時と場合によってフォーマルやセミフォーマルな装いができるようになりましょう。

```
ポイント！
●練習で最終的な仕上げをおこない，その過程で自信をつける
●グループで相互評価し，お互いの改善点を共有する
●本番のプレゼンテーションのイメージを具体的に膨らませる
```

　課　題
　スライドの進捗状況をチェックをして，相互評価をしてみましょう。お互いの評価の結果からスライドや伝え方を見直し，目標を立ててプレゼンテーションの本番に臨みましょう。

2-6 目標達成❶

Worksheet ☞ p.114　Presentation ☞ p.16

本節では本番の発表に向けて目標の重要性を再確認し，課題に取り組む過程で目標達成する方法を学習します。

●目標を持ってなりたい自分になる

みなさんには将来こうなりたいという憧れの人がいるかもしれません。具体的な誰かではなくても，「きれいなスライドを作りたい」「うまく話せるようになりたい」というように今の自分より上のレベルを目指しているひともいるでしょう。このような気持ちのことを向上心と言います。向上心を持つと，日々のあらゆることに対して目標を持って自分を向上させることができます。

大事なことは，こうなりたい，こうしたいと思ったらすぐに実行することです。「こうなりたいけど，自分には無理」「時間やお金がないから無理」というように，あらゆる目標はそれをあきらめるのに十分な理由が見つかります。本心では今のままでいい，怠けていたい，という甘えを振り払って行動を起こしたときにポジティブなサイクルが生まれてきます。目標を立てるには，自分なりのビジョン（将来の構想，見通し，展望）を持っておくことが大事です。

みなさんの目標は何でしょうか。将来大金持ちになりたいと考えている人もいるかもしれません。それでは，大金持ちになるにはどうしたらいいでしょうか。ギャンブルで一攫千金を狙う方法もありますが，それは毎日の努力とは関係ないことで目標に対する適切な考え方ではありません。今現在，大金持ちでない限り，今日と同じような一日をこれからもずっと過ごしても目標は達成できません。他者や運を頼りにせずに自分の力で目標を達成するためには，その過程に必要なものを分け，行動レベルで習慣にしていく必要があります。

●目標管理

大きな目標を達成することは，小さな目標をたくさん達成することに他なりません。100万円貯めるには10万円を10回貯める必要があります。最終目標をゴールとして個々の小さな目標は階段状に並んでいます。そして最終目標の先にはもっと大きな将来の構想（ビジョン）があります。目標は立てるだけでなく，実行して達成できるように「管理」することが求められます。管理がうまくいくと，やる気がわいてくるのがわかるでしょう。逆に目標があいまいだったり管理が悪いと，やる気が上がりません。何かができない場合には，それは能力の問題ではなくやり方に問題があることもあります。どうすれば困難な目標を達成できるのでしょうか。

●目標達成

ドラッカーは目標達成には以下のような手順があることを示しました。

❶ビジョンと現実のギャップを埋めるもの
❷達成困難であること
❸実現が不可能でないこと
❹具体的な成果が明らかなこと
❺達成までの期限があること

❶−❸は目標の「何」を，❹は「どれだけ」，❺は「いつまで」に決めればいいかということを指しています。将来と現在の差を考えてみましょう。将来と現在の間にはどのような橋渡しが必要でしょうか。目標は達成するのが困難なものでなければ目標を立てる必要がなくなります。

困難であっても，不可能ではない目標はみなさんの背中を押してくれることでしょう。他の人が不可能だと思っても，みなさんが不可能でないと思うならその気持ちを優先させてください。目標達成による具体的な成果が明らかなほうが結果が明確になります。目標達成の期限があると計画を立てて，その管理をしやすくなります。特に決められた期限がない場合は，自分で期限を決めるとよいでしょう。

●計画とコミットメント

目標が決まったら，具体的にいつ何をするのか計画に落とし込みましょう。やりたいこと，やるべきことを組み込んだスケジュールを立て，それを実行します。そして計画ができたら，1週間単位で見直し実際にできたかどうか振り返ります。これによって，目標達成を阻む要因が見えてきます。計画が難しそうだったら，他の人に計画を伝えるなどして目標に責任をもつ（コミットメントする）ことも大事です。自分の中だけで留めておくのではなく，周りの人に伝えることで目標に対する意識が高まります。

ポイント！
- 理想の自分に近付くために目標をつくる
- 目標は立てるだけでなく管理が重要
- 目標の手順にそって目標を考え計画を立て，コミットメントする

課　題

発表前に目標を再確認し，プレゼンテーションを通して自分が何を学ぼうとしているのか目標とビジョンについて考えてみましょう。

2-7 成果を上げる❶

Worksheet ☞ p.116　Presentation ☞ p.18

本節では成果と努力の関係について学習します。プレゼンテーションの本番でうまくいった人とそうでない人の違いは何でしょうか。

●成果を上げるためにすべきこと

同じ条件にもかかわらず本番を迎えるとよかった発表とそうでない発表があったことでしょう。うまくいったグループはどうして成果をあげられたのでしょうか。スポーツや試験のように，足が速い，暗記が得意など，その人が生まれ持った性質によることもあるかもしれませんが，日々の努力によって成し遂げられることもたくさんあります。努力は量だけではなく量と質のバランスが重要です。質の高いマネジメントの方法を考えて，努力の量を増やしましょう。

ドラッカー（2004）は以下のように述べています。

> 成果を上げることは，一つの習慣である。すなわち習慣的な能力の集積である。そして習慣的な能力は，常に習得が可能である。

毎日，目標にむかって少しずつ努力する習慣によって着実に最終目標までの階段を登っていくことができます。このような習慣づくりのためには，以下について考え行動するのが大事です。

❶強みを生かす
❷時間を有効に活用する
❸重要なことから始める

●強みを生かす

強みを生かすことについては，得意な部分の中でも人よりも上手にできることに集中することでやる気が生まれ成果が上がりやすくなります。プレゼンテーションであれば，情報を集める能力が高い人もいればパワーポイントをつくる能力が高い人もいるでしょう。自分が人よりも優れていると思えるところを中心にプレゼンテーションの最終確認をします。そうすると，グループで作業をする場合にはそれぞれのメンバーの個性がいかされグループの力が最大に発揮されます。最終的には質の高いプレゼンテーションが完成するでしょう。

●時間の有効活用

　時間は誰でも共通で平等に持っているものですが，同じ時間で何をしたかでその成果は人によって異なります。これは時間の使い方が違うとも言えるでしょう。同じ持ち分の時間をどこにどの程度を割くか考えてみます。すべての時間のうち使用可能な時間とやるべきことを確認した後，その中で省けることや短縮できることはないか考えてみます。そうするとどうすれば効率的に時間を使うことができるか見通しが立ちます。時間管理あっての目標達成と言えるでしょう。

●重要なことから始める

　何かにとりかかるときにやることが多すぎて何から手に付けていいかわからないということがあります。こういう時には，最も重要なことを考えてそこから始めることが役立ちます。試験問題なら最も配点が高そうなところやすぐに解けそうなところ，プレゼンテーションだったら出来上がりに最も大きな影響を及ぼす構成や伝え方などです。どこが重要かの判断は人によって違うこともありますが，自分にとってどこが重要かどうか考えてみます。

　自分の強みに関連するところが自分を成長させてくれる上で重要なこととも捉えることができます。自分の強みと関連させて重要かどうかを判断し，そこに打ち込むことでエネルギーを集中し成果を上げることができます。もし自分の苦手なことで重要でない無駄なことから始めたら，多くの人は途中でやる気を失ってしまうでしょう。時間は同じでも，やり方によっては多くのことを成し遂げられるし，逆にいくらでも時間を無駄にすることもできます。つまり，先にあげた「強みをいかす」「時間の有効活用」「重要なことから始める」の3つの考え方はすべて関連しているのです。

ポイント！
- 習慣が成果をつくる
- 「強みを生かす」「時間の有効活用」「重要なことからはじめる」ことで成果を上げることができる
- 上記3つの考え方はすべて関連している

課題
　他の人の発表を聞いて，まねしたい点とまねしたくない点を考えてみましょう。また，2回目のプレゼンテーションで成果を上げるために何をすべきか考えてみましょう。

2-8 目標設定❷

Worksheet ☞ p.118　Presentation ☞ p.20

　本節では2-1の復習をします。2-1では課題に取り組む時に必要なアクション（行動する力）のうち，チームづくりとアイデアをまとめることに焦点を当て，作業の進め方を学習しました。2-1を参考に重要なポイントを自分のことばでまとめてみましょう。また，ノートに気付いたことを整理しましょう。

●仲間と協力して何かをつくりあげる

●議論してテーマを決める

●ブレインストーミングの手順

●第一回プレゼンテーションのテーマ

●ノート

第1部 テキスト

第2部 課題

ポイント！
- ●人と協同で作業する能力は仕事に不可欠
- ●グループ作業を効率化するためには，リーダーとフォロワーの役割分担が役立つ
- ●グループで何かを決定する時には，ブレインストーミングしてから議論するとまとめやすい

課　題

　第2回プレゼンテーションに向けて，グループで役割分担しましょう。テーマ決めのためにブレインストーミングをして，テーマを決定しましょう。

2-9 タイムマネジメント❷

Worksheet ☞ p.120　Presentation ☞ p.22

　本節では2-2の復習をします。2-2ではプレゼンテーションに限らずどのような課題に取り組む時にも大事な観点となる時間のマネジメントについて学習しました。2-2を参考に重要なポイントを自分のことばでまとめてみましょう。また，ノートに気付いたことを整理しましょう。

●マネジメントとは

●勉強も仕事もマネジメント次第

●大学でタイムマネジメント能力を身につける

●プレゼンテーションにおけるマネジメント

●ノート

第1部 テキスト

第2部 課題

ポイント！
- マネジメントは経営管理ややりくりを指し，生活全般に関わっている
- マネジメントがうまくいけば難しい目標も達成できる
- 効率的なマネジメントによってよりよいプレゼンテーションができる

課　題
　プレゼンテーションにはどのようなマネジメントが必要か考えてみましょう。目標を達成するために何をすべきかグループで議論してみましょう。

2-10 説得力と自己分析❷

Worksheet ☞ p.122　Presentation ☞ p.24

本節では 2-3 の復習をします。2-3 では，プレゼンテーションに取り組むにあたって自分の現在を分析し，自己理解を深めることで説得力を増す方法を考えました。2-3 を参考に重要なポイントを自分のことばでまとめてみましょう。また，ノートに気付いたことを整理しましょう。

●説得力を支える3要素

●自分が知らない自分に気付く

●熱意となって表れる目的意識

●ノート

第1部 テキスト

第2部 課題

ポイント！
- ●説得力を支える三要素として，論理，熱意，人格がある
- ●他者評価と自己評価のギャップを埋める
- ●目的意識や思い入れが熱意となって聞き手に伝わる

課　題
　説得力を支える3要素と関連させて，自己評価をしてみましょう。あなたは，3要素をバランスよく身に付けていますか。今後どのような課題があるかを考えて，グループで話し合いましょう。

2-11 進捗状況の確認❷

Worksheet ☞ p.124 Presentation ☞ p.26

　本節では 2-4 の復習をします。本節では中間段階で進み具合を確認し，残りの時間で理想とするプレゼンテーションができるように見通しを立てます。2-4 を参考に重要なポイントを自分のことばでまとめてみましょう。また，ノートに気付いたことを整理しましょう。

●目標達成までの道のり

●途中経過の評価：「内容」「レイアウト」「表現」

●得意分野に気付く

●フィードバック分析

●ノート

ポイント！
- ●途中の段階で目標を振り返ることが大事
- ●「内容」「レイアウト」「表現」のバランスが重要
- ●課題の過程で見つかった得意分野は強化し苦手なところは平均化する
- ●目標達成にはフィードバック分析が役立つ

課　題

　フィードバック分析を使って，これまでの過程を振り返ってみましょう。そして次の目標を再設定しましょう。

2-12 相互評価❷

Worksheet ☞ p.126　　Presentation ☞ p.28

　本節では 2-5 の復習をします。2-5 では発表前の最終確認としてプレ発表と相互評価の方法を学習し，本番に向けた見通しを立てました。2-5 を参考に重要なポイントを自分のことばでまとめてみましょう。また，ノートに気付いたことを整理しましょう。

●準備段階から本番を意識する

●練習で自信をつける

●相互評価の方法

●どんな服装をするか

●ノート

```
┌─ポイント！──────────────────────────┐
│ ●練習で最終的な仕上げをおこない，その過程で自信をつける
│ ●グループで相互評価し，お互いの改善点を共有する
│ ●本番のプレゼンテーションのイメージを具体的に膨らませる
└──────────────────────────────┘
```

課　題
　スライドのチェックをして，相互評価をしてみましょう。お互いの評価の結果からスライドや伝え方を見直し，目標を立ててプレゼンテーションの本番に臨みましょう。

2-13 目標達成❷

Worksheet ☞ p.130　Presentation ☞ p.30

　本節では 2-6 の復習をします。2-6 では本番の発表に向けて，目標の重要性を再確認します。そして課題に取り組む過程で目標達成する方法を学習しました。2-6 を参考に重要なポイントを自分のことばでまとめてみましょう。また，ノートに気付いたことを整理しましょう。

●目標を持ってなりたい自分になる

●目標管理

●目標達成

●計画とコミットメント

●ノート

ポイント！
- ●ビジョンを決めて，そこから目標をつくる
- ●目標は管理が重要
- ●目標の手順にそって目標を考え計画を立て，コミットメントする

課　題
発表前に目標を再確認し，プレゼンテーションを通して自分が何を学ぼうとしているのか考えてみましょう。

2-14 成果を上げる❷

Worksheet ☞ p.132　　Presentation ☞ p.32

　本節では2-7の復習をします。2-7では他の人の発表から成果と努力の関係について学習しました。2-7を参考に重要なポイントを自分のことばでまとめてみましょう。また、ノートに気付いたことを整理しましょう。

●成果を上げるためにすべきこと

●強みを生かす

●時間の有効活用

●重要なことからはじめる

●ノート

```
ポイント！
● 習慣が成果をつくる
●「強みを生かすこと」「時間管理」「重要なことからはじめる」ことで成果を上げる
  ことができる
● 上記3つの考え方はすべて関連している
```

課　題

　他の人の発表を聞いて，まねしたい点とまねしたくない点を考えてみましょう。また，2回目のプレゼンテーションで成果をあげるために何をすべきか考えてみましょう。

2-15 マネジメントのまとめ

Worksheet ☞ p.134　Presentation ☞ p.34

　本節では最後の講義として2回のプレゼンテーションを振り返り，今後の学習に役立たせるためにマネジメントのまとめをおこないます。

●マネジメントの要点

　本書では2回のプレゼンテーションを通してマネジメントの流れを2セット繰り返しました。2-8〜2-14では2-1〜2-7のテキストを自分のことばでまとめなおして理解が深まったことでしょう。マネジメント・スキル編の要点は以下の7つでした。

表2-1　マネジメントの方法と目的

方　法	目　的
❶目標設定	課題の全体像を把握し目標設定する
❷タイムマネジメント	具体的なスケジュールを立てる
❸説得力と自己分析	自分の現在の能力や考えを把握する
❹進捗状況の確認	作業の進み具合を把握する
❺相互評価	相互に評価し状況を点検する
❻目標達成	目標管理をする
❼成果を上げる	もっと成果を上げるために改善点を考える

　「❶目標設定」では課題の全体像と範囲を把握し，何をしようとしているのかについて理解した上で目標を立てます。「❷タイムマネジメント」は締め切りまでの残り時間を計算し，具体的にスケジュールを考えます。「❸自己分析」では作業効率を上げ，無理な目標や作業をおこなわないように，正確に自分の現在の能力や作業の仕方を分析します。「❹進捗状況の確認」では中間段階で作業の進み具合を把握し，問題があれば調整します。「❺相互評価」ではグループのメンバーなどと一緒にお互いに評価することで状況を確認します。「❻目標達成」では達成すべきゴールに合わせて目標管理をします。「❼成果を上げる」ではもっと成果を上げるためにできることはないか改善点を考えます。

●お仕事フォームを身につける

　以上の7つの要点は物事をおこなうときの基本フォームのようなものです。テニスでもコートに入って相手のボールを待つときには，無防備な体勢でいるのではなく，構えの姿勢をとります。そして，ボールが近づいてきたらラケットを持っている腕を後ろに引き，ボールのタイミングに合わせて打って振り払います。このように「テニスボールを打つ」作業にも一連のフォームがあります。同じように，「プレゼンテーションをする」にも一連のフォームがあり，これには仕事に必要な基本フォームの要素が含まれて

います。

　みなさんは2回のマネジメントの学習を通してフォームがどんなものか，自分がどこが弱いのか，流れを通すとどのようなことが起こるのか，実感できたことでしょう。もしフォームを考えずにプレゼンテーションの準備をしていたらどうだったでしょうか。どのような課題でも自分なりのフォームを身につけておくことが重要です。

　プレゼンテーションをすると他者と自分の違いがよく見えてきます。自分についてもいい所も悪い所もよく見えてきます。他者との交わりなく生きることができないのと同じように，自分ともずっと付き合っていかなければなりません。自分とうまく付き合うという感覚がマネジメントには求められます。人には調子のいい時と悪い時があります。どんな状況でも自分がうまく勉強や仕事ができるように，一番よい方法を考えてあげなければいけません。みなさんは自分の会社の従業員であると同時に社長でもあります。

●課題とマネジメントを分けて別々にスキルを向上させる

　何かができない時に，「才能がないから」「好きではないから」などと考えることがあるでしょう。これはある意味では正しいかもしれませんが，ある意味では違うかもしれません。それは，その課題自体に才能がなくても，やり方次第でうまくなることもあるからです。つまり，あることが下手なのはそれが下手なのではなく，マネジメントに問題があるということです。

　このように考えると，あらゆることが自分のマネジメント能力を上げる訓練になります。「何をすべきか知ること」と「どのようにすべきか知ること」は別物です。日々の勉強や仕事でこの2つを分けて，それぞれのスキルを高められるようにがんばりましょう。そうすれば，自ずと状況や課題が変わっても安定した成果を出せる応用力が育まれます。

ポイント！
- マネジメントの7つの要点は仕事のフォームの基本と共通している
- 自分を雇っている社長として自分を動かしてみる
- 課題とマネジメントを分けてそれぞれをスキルアップさせる

　課　題
　これまでの授業を振り返って，マネジメントを通じて自分が何を感じ何を学んだのか気付いたことをまとめてみましょう。

Worksheet 課題集 ❶

☞ p.6

Worksheet 1-1　第1回プレゼンテーションのテーマ設定

問1　社会人基礎力の中であてはまると思うものに○をつけてください。

				あてはまらない / どちらでもない / あてはまる
前に踏み出す力（アクション）		1．主体性	あなたは物事に進んで取り組むほうですか	1 − 2 − 3 − 4 − 5
		2．働きかけ力	何かをおこなうときに、他の人にも働きかけて一緒に取り組んでいくほうですか	1 − 2 − 3 − 4 − 5
		3．実行力	目標を設定したら、そのために確実に行動するほうですか	1 − 2 − 3 − 4 − 5
考え抜く力（シンキング）		1．課題発見力	現在の状況から何か課題や問題点がないか、分析することができるほうですか	1 − 2 − 3 − 4 − 5
		2．計画力	目標のために何をすればいいか、計画を立てて進めるほうですか	1 − 2 − 3 − 4 − 5
		3．創造力	新しいアイデアや方法を考え出すことは得意なほうですか	1 − 2 − 3 − 4 − 5
チームで働く力（チームワーク）		1．発信力	自分の意見を相手にわかりやすく伝えることができますか	1 − 2 − 3 − 4 − 5
		2．傾聴力	相手の言うことを丁寧に聴くことができますか	1 − 2 − 3 − 4 − 5
		3．柔軟性	意見や立場の違いがあってもそれを乗り越えて働くことができますか	1 − 2 − 3 − 4 − 5
		4．情況把握力	自分や周りの人の状況や関係をすぐに把握できるほうですか	1 − 2 − 3 − 4 − 5
		5．規律性	社会のルールや人との約束を守るほうですか	1 − 2 − 3 − 4 − 5
		6．ストレスコントロール力	ストレスにうまく対応できるほうですか	1 − 2 − 3 − 4 − 5
			合計点	点

問2　グループメンバー（リーダーに○をつける）

問3 普段何気なくプレゼンテーションをおこなっていると思うのはどのような場面ですか。

問4 どのようなプレゼンテーションにしたいですか。

問5 社会人基礎力で低かった項目と高かった項目に注目にして自己分析してみましょう。

問6 プレゼンテーションを通して伸ばしたい社会人基礎力とその理由を書いて下さい。

☞ p.8　**Worksheet 1-2　プレゼンテーションの構成：紹介型**

問1　発表テーマ

問2　背景と目的

問3　構成案

スライド	メモ
	表紙
	2枚目
	3枚目

スライド	メモ
	4 枚目
	5 枚目
	6 枚目
	7 枚目
	8 枚目

☞ p.10 **Worksheet 1-3　論理表現**

問1　発表テーマ

問2　構成案

スライド	メモ
	表紙
	2枚目
	3枚目
	4枚目

スライド	メモ
	5枚目
	6枚目
	7枚目
	8枚目
	9枚目

☞ p.12

Worksheet 1-4　ストーリーをつむぐ

問1　発表内容を約30秒で話せる要約を書いて，グループで発表しましょう。

問2　グループで要約を発表して気付いたことを書きましょう。

問3　スライドを見直してストーリーについて自己評価してみましょう。

問4　ストーリーをさらによくするためにはどうすればいいでしょうか。

問5 構成案：つなぎことばを入れてみましょう。

スライドの概要	説明の工夫／つなぎ言葉
表紙	
2枚目	
3枚目	
4枚目	
5枚目	
6枚目	
7枚目	
8枚目	

☞ p.14

Worksheet 1-5　レイアウト

問1　一枚のスライドは適切な分量になっていましたか。気付いたことを書いてください。

問2　グラフや表が使える箇所はありましたか。気付いたことを書いてください。

問3　レイアウトを確認して気付いた点を書いてください。

問4 プレゼンテーションの内容に関連させて，教科書を参考に5つのグラフから2つ選びイメージ図を描いてみましょう。【棒グラフ（たて），棒グラフ（よこ），折れ線グラフ，円グラフ，レーダーチャート】

【種類：　　　　　　　　　　　】　【種類：　　　　　　　　　　　】

問5 プレゼンテーションの内容に関連させて，教科書を参考に2つの表のイメージ図を描いてみましょう。【比較する項目（A，B）×2，比較する項目（A，B）×複数の視点】

【種類：　　　　　　　　　　　】　【種類：　　　　　　　　　　　】

☞ p.16

Worksheet 1-6　発表本番

問1　発表前アンケート：現在のプレゼンテーションに対する態度を教えてください。

　　　　　　　　　　　　　　　　　　　　全くそう　　　　　とても
　　　　　　　　　　　　　　　　　　　　思わない　　　　　そう思う

（1）プレゼンテーションは得意だ。　　　　　　　　　　　　　（1）　1 --- 2 --- 3 --- 4 --- 5
（2）プレゼンテーションをするのが好きだ。　　　　　　　　　（2）　1 --- 2 --- 3 --- 4 --- 5
（3）プレゼンテーションはきちんと習えば誰でもできる。　　　（3）　1 --- 2 --- 3 --- 4 --- 5
（4）プレゼンテーションができるようになりたい。　　　　　　（4）　1 --- 2 --- 3 --- 4 --- 5
（5）プレゼンテーションができるようになることは重要なことだ。（5）　1 --- 2 --- 3 --- 4 --- 5
（6）プレゼンテーションは将来役に立つと思う。　　　　　　　（6）　1 --- 2 --- 3 --- 4 --- 5
（7）プレゼンテーションができたらかっこいいと思う。　　　　（7）　1 --- 2 --- 3 --- 4 --- 5

その他

問2　発表の目標を書いてください。

伝え方
内容
質疑応答
その他

問3　発表に関して不安に思う点があれば書いてください。

問1 発表後アンケート：<u>現在</u>のプレゼンテーションに対する態度を教えてください。

	全くそう思わない				とてもそう思う
（1）プレゼンテーションは得意だ。	（1） 1	2	3	4	5
（2）プレゼンテーションをするのが好きだ。	（2） 1	2	3	4	5
（3）プレゼンテーションはきちんと習えば誰でもできる。	（3） 1	2	3	4	5
（4）プレゼンテーションができるようになりたい。	（4） 1	2	3	4	5
（5）プレゼンテーションができるようになることは重要なことだ。	（5） 1	2	3	4	5
（6）プレゼンテーションは将来役に立つと思う。	（6） 1	2	3	4	5
（7）プレゼンテーションができたらかっこいいと思う。	（7） 1	2	3	4	5

その他

問2 あなたの目標は達成できましたか。

伝え方

内容

質疑応答

その他

問3 発表の準備段階でよかった点と改善点を書いてください。

良かった点	改善点

☞ p.18

Worksheet 1-7　他者評価

問1　他者評価シート

グループ：　　　テーマ：　　　　　　評価者：

内容	1 － 2 － 3 － 4 － 5	総合評価
伝え方	1 － 2 － 3 － 4 － 5	／20点
構成	1 － 2 － 3 － 4 － 5	順位
質疑応答	1 － 2 － 3 － 4 － 5	／ 番

コメント

グループ：　　　テーマ：　　　　　　評価者：

内容	1 － 2 － 3 － 4 － 5	総合評価
伝え方	1 － 2 － 3 － 4 － 5	／20点
構成	1 － 2 － 3 － 4 － 5	順位
質疑応答	1 － 2 － 3 － 4 － 5	／ 番

コメント

※1「改善が必要」，3「ふつう」，5「とてもよい」

第1部 テキスト

第2部 課題

グループ：	テーマ：				評価者：
内容	1	— 2 — 3 — 4 —	5	総合評価	
伝え方	1	— 2 — 3 — 4 —	5		／20点
構成	1	— 2 — 3 — 4 —	5	順位	
質疑応答	1	— 2 — 3 — 4 —	5		／ 番

コメント

グループ：	テーマ：				評価者：
内容	1	— 2 — 3 — 4 —	5	総合評価	
伝え方	1	— 2 — 3 — 4 —	5		／20点
構成	1	— 2 — 3 — 4 —	5	順位	
質疑応答	1	— 2 — 3 — 4 —	5		／ 番

コメント

Worksheet 1-8　第2回プレゼンテーションのテーマ設定

☞ p.20

問1　社会人基礎力の中であてはまると思うものに○をつけてください。

				あてはまらない　どちらでもない　あてはまる
前に踏み出す力（アクション）	1. 主体性		あなたは物事に進んで取り組むほうですか	1 - 2 - 3 - 4 - 5
	2. 働きかけ力		何かをおこなうときに、他の人にも働きかけて一緒に取り組んでいくほうですか	1 - 2 - 3 - 4 - 5
	3. 実行力		目標を設定したら、そのために確実に行動するほうですか	1 - 2 - 3 - 4 - 5
考え抜く力（シンキング）	1. 課題発見力		現在の状況から何か課題や問題点がないか、分析することができるほうですか	1 - 2 - 3 - 4 - 5
	2. 計画力		目標のために何をすればいいか、計画を立てて進めるほうですか	1 - 2 - 3 - 4 - 5
	3. 創造力		新しいアイデアや方法を考え出すことは得意なほうですか	1 - 2 - 3 - 4 - 5
チームで働く力（チームワーク）	1. 発信力		自分の意見を相手にわかりやすく伝えることができますか	1 - 2 - 3 - 4 - 5
	2. 傾聴力		相手の言うことを丁寧に聴くことができますか	1 - 2 - 3 - 4 - 5
	3. 柔軟性		意見や立場の違いがあってもそれを乗り越えて働くことができますか	1 - 2 - 3 - 4 - 5
	4. 情況把握力		自分や周りの人の状況や関係をすぐに把握できるほうですか	1 - 2 - 3 - 4 - 5
	5. 規律性		社会のルールや人との約束を守るほうですか	1 - 2 - 3 - 4 - 5
	6. ストレスコントロール力		ストレスにうまく対応できるほうですか	1 - 2 - 3 - 4 - 5
			合計点	点

問2　グループメンバー（リーダーに○をつける）

問3 一流のプレゼンテーションから何を学びましたか。

問4 どのようなプレゼンテーションにしたいですか。

問5 社会人基礎力で低かった項目と高かった項目に注目にして自己分析してみましょう。

問6 プレゼンテーションを通して伸ばしたい社会人基礎力とその理由を書いてください。

☞ p.22

Worksheet 1-9　プレゼンテーションの構成：提案型

問1　発表テーマ

問2　背景と目的

問3　構成案

スライド	メモ
	表紙
	2枚目
	3枚目

スライド	メモ
	4枚目
	5枚目
	6枚目
	7枚目
	8枚目

Worksheet 1-10　理由の質を考える

☞ p.24

問1　発表テーマと理由

問2　構成案

スライド	メモ
	表紙
	2枚目
	3枚目
	4枚目

スライド	メモ
	5枚目
	6枚目
	7枚目
	8枚目
	9枚目

☞ p.26

Worksheet 1-11　ストーリーに磨きをかける

問1　発表内容を約30秒で話せる要約を書いて，グループで発表しましょう。

問2　グループで要約を発表して気付いたことを書きましょう。

問3　スライドを見直してストーリーについて自己評価してみましょう。

問4　ストーリーをさらによくするためにはどうすればいいでしょうか。

問5 構成案：つなぎことばを入れてみましょう。

スライドの概要	説明の工夫／つなぎ言葉
表紙	
2枚目	
3枚目	
4枚目	
5枚目	
6枚目	
7枚目	
8枚目	

☞ p.28

Worksheet 1-12　シンプルに見せる

問1　一枚のスライドは適切な分量になっていましたか。気付いたことを書いてください。

問2　グラフや表が使える箇所はありましたか。気付いたことを書いてください。

問3　レイアウトを確認して気付いた点を書いてください。

問4 プレゼンテーションの内容に関連させて，教科書を参考に5つのグラフから2つ選びイメージ図を描いてみましょう。【棒グラフ（たて），棒グラフ（よこ），折れ線グラフ，円グラフ，レーダーチャート】

【種類：　　　　　　　　　　　】　　【種類：　　　　　　　　　　　】

問5 プレゼンテーションの内容に関連させて，教科書を参考に2つの表のイメージ図を描いてみましょう。【比較する項目（A，B）×2，比較する項目（A，B）×複数の視点】

【種類：　　　　　　　　　　　】　　【種類：　　　　　　　　　　　】

☞ p.30

Worksheet 1-13　聴衆を巻き込む

問1　発表前アンケート：現在のプレゼンテーションに対する態度を教えてください。

	全くそう思わない			とてもそう思う

（1）プレゼンテーションは得意だ。　　　　　　　　　　（1）　1 --- 2 --- 3 --- 4 --- 5
（2）プレゼンテーションをするのが好きだ。　　　　　　（2）　1 --- 2 --- 3 --- 4 --- 5
（3）プレゼンテーションはきちんと習えば誰でもできる。（3）　1 --- 2 --- 3 --- 4 --- 5
（4）プレゼンテーションができるようになりたい。　　　（4）　1 --- 2 --- 3 --- 4 --- 5
（5）プレゼンテーションができるようになることは重要なことだ。（5）　1 --- 2 --- 3 --- 4 --- 5
（6）プレゼンテーションは将来役に立つと思う。　　　　（6）　1 --- 2 --- 3 --- 4 --- 5
（7）プレゼンテーションができたらかっこいいと思う。　（7）　1 --- 2 --- 3 --- 4 --- 5

その他

問2　発表の目標を書いてください。

伝え方
内容
質疑応答
その他

問3　発表に関して不安に思う点があれば書いてください。

問1 発表後アンケート：現在のプレゼンテーションに対する態度を教えてください。

	全くそう思わない				とてもそう思う
（1）プレゼンテーションは得意だ。	（1） 1	2	3	4	5
（2）プレゼンテーションをするのが好きだ。	（2） 1	2	3	4	5
（3）プレゼンテーションはきちんと習えば誰でもできる。	（3） 1	2	3	4	5
（4）プレゼンテーションができるようになりたい。	（4） 1	2	3	4	5
（5）プレゼンテーションができるようになることは重要なことだ。	（5） 1	2	3	4	5
（6）プレゼンテーションは将来役に立つと思う。	（6） 1	2	3	4	5
（7）プレゼンテーションができたらかっこいいと思う。	（7） 1	2	3	4	5

その他

問2 あなたの目標は達成できましたか。

伝え方

内容

質疑応答

その他

問3 発表の準備段階でよかった点と改善点を書いてください。

良かった点	改善点

☞ p.32

Worksheet 1-14　他者から学ぶ

グループ：　　　テーマ：　　　　　　　評価者：

内容	1 － 2 － 3 － 4 － 5	総合評価
伝え方	1 － 2 － 3 － 4 － 5	／20点
構成	1 － 2 － 3 － 4 － 5	順位
質疑応答	1 － 2 － 3 － 4 － 5	／ 番
コメント		

グループ：　　　テーマ：　　　　　　　評価者：

内容	1 － 2 － 3 － 4 － 5	総合評価
伝え方	1 － 2 － 3 － 4 － 5	／20点
構成	1 － 2 － 3 － 4 － 5	順位
質疑応答	1 － 2 － 3 － 4 － 5	／ 番
コメント		

※1「改善が必要」，3「ふつう」，5「とてもよい」

グループ：	テーマ：	評価者：	
内容	1 － 2 － 3 － 4 － 5	総合評価	
伝え方	1 － 2 － 3 － 4 － 5		／20点
構成	1 － 2 － 3 － 4 － 5	順位	
質疑応答	1 － 2 － 3 － 4 － 5		／番

コメント

グループ：	テーマ：	評価者：	
内容	1 － 2 － 3 － 4 － 5	総合評価	
伝え方	1 － 2 － 3 － 4 － 5		／20点
構成	1 － 2 － 3 － 4 － 5	順位	
質疑応答	1 － 2 － 3 － 4 － 5		／番

コメント

☞ p.34

Worksheet 1-15　プレゼンテーションのまとめ

問1　第1回プレゼンテーションで発表した内容について説明してください。

問2　第2回プレゼンテーションで発表した内容について説明してください。

問3 メンバーと協力してスライド作成する際に直面した問題点や，それに対する
あなたの改善策（行動や心がけ）について書いてください。

問4 1回目と2回目のプレゼンテーションの反省を準備段階と本番に分けて書いてください。

Worksheet 課題集 ❷

☞ p.38 **Worksheet 2-1　目標設定❶**

問1　テーマを書きましょう

問2　テーマから連想されるものについて思いつく限り連想ゲームのように書いてみましょう。

-
-
-
-
-

問3　グループで持ち寄って，他のメンバーのアイデアをメモしましょう。

-
-
-
-
-

問4　問2と問3で書いたもののうち共通するものをまとめてみましょう。

-
-
-
-
-

問5 問4を参考にテーマの候補を3つ挙げてみましょう。

- ○
- ○
- ○

問6 仮タイトル

問7 目標：プレゼンテーションで伝えたいこと

問8 次回までに調べてくること

問9 授業の感想

☞ p.40

Worksheet 2-2　タイムマネジメント❶

問1　課題と聞き手のニーズ

問2　目　標

問3　制約1　時間

問4　制約2　モノ

問5　制約3　ヒト

問6　制約4　コスト

問7 プレゼンテーションに向けてどのような努力が必要か制約と関連させて書いてみましょう。

問8 次回までに準備すること

問9 社会人基礎力と関連させて，今日の自分の態度や行動を評価しなさい。

前に踏み出す力（主体性・働きかけ力・実行力）

考え抜く力（課題発見力・計画力・創造力）

チームで働く力（発信力・傾聴力・柔軟性・情況把握力・規律性・ストレスコントロール力）

問10 授業の感想

第1部 テキスト

第2部 課題

☞ p.42

Worksheet 2-3 説得力と自己分析❶

問1 自己分析

	得意な点	苦手な点
論理		
熱意		
人格		

問2 目標設定

論理	
熱意	
人格	

問3 ジョハリの窓を学んで考えたことを書きましょう。

問4 今日の授業で学んだこと

問5 次回までに準備すること

問6 社会人基礎力と関連させて，今日の自分の態度や行動を評価しなさい。

前に踏み出す力（主体性・働きかけ力・実行力）

考え抜く力（課題発見力・計画力・創造力）

チームで働く力（発信力・傾聴力・柔軟性・情況把握力・規律性・ストレスコントロール力）

問7 授業の感想

☞ p.44

Worksheet 2-4　進捗状況の確認❶

問1　各項目についてチェック欄に「○×」の2段階で評価しましょう

	項目	チェック
内容	1．タイトルは適切に発表内容を表している	
	2．構成が紹介型のフォーマットに従っている	
	3．スライドとスライドの流れがスムーズである	
	4．聴衆が初めて知ると思われる情報が含まれている	
	5．テーマについて自分たちなりの考えが示されている	
レイアウト	6．3行以上の長い文章がない	
	7．適切な色が使われている	
	8．写真やデータの引用に出典が書かれている	
	9．本文のフォントは20ポイント以上で，全体的に統一されている	
	10．データがある場合は，いつ誰が調査したものか書かれている	
表現	11．聴衆が理解しやいような工夫をしている	
	12．聴衆に興味をもってもらえるような工夫をしている	
	13．メンバー全員に平等な発表担当箇所がある	
	14．制限時間内に終わるようにスライドの分量を調節している	
	15．どのようなプレゼンにするかグループでイメージを共有している	

問2　期待と結果の比較

期待通り達成できた点	
一生懸命取り組んだ点	
期待はずれだった点	

問3　目標再設定

集中すべき点	
改善すべき点	
勉強すべき点	

問4　今日の授業で学んだこと

問5　次回までに準備すること

問6　社会人基礎力と関連させて，今日の自分の態度や行動を評価しなさい。

前に踏み出す力（主体性・働きかけ力・実行力）

考え抜く力（課題発見力・計画力・創造力）

チームで働く力（発信力・傾聴力・柔軟性・情況把握力・規律性・ストレスコントロール力）

問7　授業の感想

第1部　テキスト

第2部　課題

☞ p.46

Worksheet 2-5　相互評価❶

進捗状況チェック②

問1　各項目についてチェック欄に「◎○△×」の4段階で評価しましょう

	項目	チェック
内容	1．タイトルは適切に発表内容をあらわしている	
	2．構成が紹介型のフォーマットに従っている	
	3．スライドとスライドの流れがスムーズである	
	4．聴衆が初めて知ると思われる情報が含まれている	
	5．テーマについて自分たちなりの考えが示されている	
レイアウト	6．3行以上の長い文章がない	
	7．適切な色が使われている	
	8．写真やデータの引用に出典が書かれている	
	9．本文のフォントは20ポイント以上で，全体的に統一されている	
	10．データがある場合は，いつ誰が調査したものか書かれている	
表現	11．聴衆が理解しやいような工夫をしている	
	12．聴衆に興味を持ってもらえるような工夫をしている	
	13．メンバー全員に平等な発表担当箇所がある	
	14．制限時間内に終わるようにスライドの分量を調節している	
	15．どのようなプレゼンにするかグループでイメージを共有している	

問2　本番のプレゼンに向けたグループの現在の課題

問3 次回までに作業すること

問4 社会人基礎力と関連させて，今日の自分の態度や行動を評価しなさい。

前に踏み出す力（主体性・働きかけ力・実行力）

考え抜く力（課題発見力・計画力・創造力）

チームで働く力（発信力・傾聴力・柔軟性・情況把握力・規律性・ストレスコントロール力）

問5 これまでの授業を振り返って，グループへの貢献度を自己評価しなさい。

問6 本番の発表に向けてどのようにグループに貢献するか書きなさい。

問7 授業の感想

問8 グループで発表練習をして、お互いに評価しましょう。自分の発表についても自己評価しましょう。

氏名	担当箇所	よかった点	改善点	評価	
				声の大きさ	[　　点]
				スピード	[　　点]
				声のトーン	[　　点]
				間のとり方	[　　点]
				アイコンタクト	[　　点]
				主張	[　　点]
				理由	[　　点]
				例・データ	[　　点]
				構成	[　　点]
				興味	[　　点]
				声の大きさ	[　　点]
				スピード	[　　点]
				声のトーン	[　　点]
				間のとり方	[　　点]
				アイコンタクト	[　　点]
				主張	[　　点]
				理由	[　　点]
				例・データ	[　　点]
				構成	[　　点]
				興味	[　　点]
				声の大きさ	[　　点]
				スピード	[　　点]
				声のトーン	[　　点]
				間のとり方	[　　点]
				アイコンタクト	[　　点]
				主張	[　　点]
				理由	[　　点]
				例・データ	[　　点]
				構成	[　　点]
				興味	[　　点]

問9 お互いに評価を伝えあって、メンバーからの評価を書きましょう。

よかった点	改善点

問10 1と2を踏まえて目標をそれぞれ2つ以上、書きましょう。また目標設定の理由も書きましょう。

伝え方に関する目標	内容に関する目標
1.	1.
2.	2.
設定理由	設定理由

	評価項目	1 改善が必要－3 ふつう－5 とてもよい
伝え方	声の大きさ	1 － 2 － 3 － 4 － 5
	スピード	1 － 2 － 3 － 4 － 5
	声のトーン	1 － 2 － 3 － 4 － 5
	間のとり方	1 － 2 － 3 － 4 － 5
	アイコンタクト	1 － 2 － 3 － 4 － 5
内容	主張がはっきりしていた	1 － 2 － 3 － 4 － 5
	理由の説明がわかりやすかった	1 － 2 － 3 － 4 － 5
	例やデータが適切に使われていた	1 － 2 － 3 － 4 － 5
	興味深かった	1 － 2 － 3 － 4 － 5
	構成がまとまっていた	1 － 2 － 3 － 4 － 5

☞ p.48

Worksheet 2-6　目標達成❶

問1　本番の発表でよかった点と改善点を教えてください。

よかった点	改善点

問2　個人作業とグループ作業を含めて，1回目のプレゼンテーションの感想を書いてください。

問 3 反省と評価

❶発表に対する自分の貢献度を100点満点で評価しなさい。【　　　　点】

❷❶の点数をつけた具体的な根拠を述べなさい。

❸第1回発表を踏まえて，第2回発表での課題を書きなさい。

内容について
伝え方について
グループ活動について

☞ p.50 **Worksheet 2-7　成果を上げる❶**

問1　他のグループの発表を聞いて，参考になった所をできるだけたくさん教えてください。

まねしたい点

伝え方
○
○
○
○
○
○
内容
○
○
○
○
○
○

まねしてはいけない点

伝え方
○
○
○
○
○
○
内容
○
○
○
○
○
○

問2 1番よかったと思うグループを選び，よかった理由を分析してみましょう。

問3 評価をした感想を教えてください。

問4 発表を聞いて自分の強みを分析してみましょう。

問5 時間管理は適切でしたか。

問6 重要性から判断して何から取りかかるべきだったと思いますか。

☞ p.52

Worksheet 2-8　目標設定❷

問1　テーマを書きましょう

問2　テーマから連想されるものについて思いつく限り連想ゲームのように書いてみましょう。

-
-
-
-
-

問3　グループで持ち寄って，他のメンバーのアイデアをメモしましょう。

-
-
-
-
-

問4　問2と問3で書いたもののうち共通するものをまとめてみましょう。

-
-
-
-
-

問5 問4を参考にテーマの候補を3つ挙げてみましょう。

-
-
-

問6 仮タイトル

問7 目標：プレゼンテーションで伝えたいこと

問8 次回までに調べてくること

問9 授業の感想

☞ p.54

Worksheet 2-9　タイムマネジメント❷

問1　課題と聞き手のニーズ

問2　目　標

問3　制約1　時間

問4　制約2　モノ

問5　制約3　ヒト

問6　制約4　コスト

問7 プレゼンテーションに向けてどのような努力が必要か制約と関連させて書いてみましょう。

問8 次回までに準備すること

問9 社会人基礎力と関連させて，今日の自分の態度や行動を評価しなさい。

前に踏み出す力（主体性・働きかけ力・実行力）

考え抜く力（課題発見力・計画力・創造力）

チームで働く力（発信力・傾聴力・柔軟性・情況把握力・規律性・ストレスコントロール力）

問10 授業の感想

☞ p.56

Worksheet 2-10　説得力と自己分析❷

問1　自己分析

	得意な点	苦手な点
論理		
熱意		
人格		

問2　目標設定

論理	
熱意	
人格	

問3　ジョハリの窓から自分自身について考えたことを書きましょう。

問4 今日の授業で学んだこと

[　　　　　　　　　　　　　　　　　　　　　　　　　　　　]

問5 次回までに準備すること

[　　　　　　　　　　　　　　　　　　　　　　　　　　　　]

問6 社会人基礎力と関連させて，今日の自分の態度や行動を評価しなさい。

前に踏み出す力（主体性・働きかけ力・実行力）

考え抜く力（課題発見力・計画力・創造力）

チームで働く力（発信力・傾聴力・柔軟性・情況把握力・規律性・ストレスコントロール力）

問7 授業の感想

[　　　　　　　　　　　　　　　　　　　　　　　　　　　　]

第1部　テキスト

第2部　課題

☞ p.58 **Worksheet 2-11　進捗状況の確認❷**

問1　各項目についてチェック欄に「○×」の2段階で評価しましょう

	項目	チェック
内容	1．タイトルは適切に発表内容をあらわしている	
	2．構成が紹介型のフォーマットに従っている	
	3．スライドとスライドの流れがスムーズである	
	4．聴衆が初めて知ると思われる情報が含まれている	
	5．テーマについて自分たちなりの考えが示されている	
レイアウト	6．3行以上の長い文章がない	
	7．適切な色が使われている	
	8．写真やデータの引用に出典が書かれている	
	9．本文のフォントは20ポイント以上で，全体的に統一されている	
	10．データがある場合は，いつ誰が調査したものか書かれている	
表現	11．聴衆が理解しやすいような工夫をしている	
	12．聴衆に興味を持ってもらえるような工夫をしている	
	13．メンバー全員に平等な発表担当箇所がある	
	14．制限時間内に終わるようにスライドの分量を調節している	
	15．どのようなプレゼンにするかグループでイメージを共有している	

問2　期待と結果の比較

期待通り達成できた点	
一生懸命取り組んだ点	
期待はずれだった点	

問3　目標再設定

集中すべき点	
改善すべき点	
勉強すべき点	

問4 今日の授業で学んだこと

問5 次回までに準備すること

問6 社会人基礎力と関連させて，今日の自分の態度や行動を評価しなさい。

前に踏み出す力（主体性・働きかけ力・実行力）

考え抜く力（課題発見力・計画力・創造力）

チームで働く力（発信力・傾聴力・柔軟性・情況把握力・規律性・ストレスコントロール力）

問7 授業の感想

☞ p.60

Worksheet 1-12　相互評価❷

進捗状況チェック②

問1　各項目についてチェック欄に「◎○△×」の4段階で評価しましょう

	項目	チェック
内容	1．タイトルは適切に発表内容をあらわしている	
	2．構成が紹介型のフォーマットに従っている	
	3．スライドとスライドの流れがスムーズである	
	4．聴衆が初めて知ると思われる情報が含まれている	
	5．テーマについて自分たちなりの考えが示されている	
レイアウト	6．3行以上の長い文章がない	
	7．適切な色が使われている	
	8．写真やデータの引用に出典が書かれている	
	9．本文のフォントは20ポイント以上で，全体的に統一されている	
	10．データがある場合は，いつ誰が調査したものか書かれている	
表現	11．聴衆が理解しやすいような工夫をしている	
	12．聴衆に興味を持ってもらえるような工夫をしている	
	13．メンバー全員に平等な発表担当箇所がある	
	14．制限時間内に終わるようにスライドの分量を調節している	
	15．どのようなプレゼンにするかグループでイメージを共有している	

問2　本番のプレゼンに向けたグループの現在の課題

問3 次回までに作業すること

問4 社会人基礎力と関連させて，今日の自分の態度や行動を評価しなさい。

前に踏み出す力（主体性・働きかけ力・実行力）

考え抜く力（課題発見力・計画力・創造力）

チームで働く力（発信力・傾聴力・柔軟性・情況把握力・規律性・ストレスコントロール力）

問5 これまでの授業を振り返って，グループへの貢献度を自己評価しなさい。

問6 本番の発表に向けてどのようにグループに貢献するか書きなさい。

問7 授業の感想

問8 グループで発表練習をして、お互いに評価しましょう。自分の発表についても自己評価しましょう。

氏名	担当箇所	よかった点	改善点	評価	
				声の大きさ	[　　]点
				スピード	[　　]点
				声のトーン	[　　]点
				間のとり方	[　　]点
				アイコンタクト	[　　]点
				主張	[　　]点
				理由	[　　]点
				例・データ	[　　]点
				構成	[　　]点
				興味	[　　]点
				声の大きさ	[　　]点
				スピード	[　　]点
				声のトーン	[　　]点
				間のとり方	[　　]点
				アイコンタクト	[　　]点
				主張	[　　]点
				理由	[　　]点
				例・データ	[　　]点
				構成	[　　]点
				興味	[　　]点
				声の大きさ	[　　]点
				スピード	[　　]点
				声のトーン	[　　]点
				間のとり方	[　　]点
				アイコンタクト	[　　]点
				主張	[　　]点
				理由	[　　]点
				例・データ	[　　]点
				構成	[　　]点
				興味	[　　]点

問9 お互いに評価を伝えあって，メンバーからの評価を書きましょう。

よかった点	改善点

問10 1と2を踏まえて，目標をそれぞれ2つ以上，書きましょう。また目標設定の理由も書きましょう。

伝え方に関する目標	内容に関する目標
1.	1.
2.	2.
設定理由	設定理由

	評価項目	<u>1</u> 改善が必要－<u>3</u> ふつう－<u>5</u> とてもよい
伝え方	声の大きさ	1 － 2 － 3 － 4 － 5
	スピード	1 － 2 － 3 － 4 － 5
	声のトーン	1 － 2 － 3 － 4 － 5
	間のとり方	1 － 2 － 3 － 4 － 5
	アイコンタクト	1 － 2 － 3 － 4 － 5
内容	主張がはっきりしていた	1 － 2 － 3 － 4 － 5
	理由の説明がわかりやすかった	1 － 2 － 3 － 4 － 5
	例やデータが適切に使われていた	1 － 2 － 3 － 4 － 5
	興味深かった	1 － 2 － 3 － 4 － 5
	構成がまとまっていた	1 － 2 － 3 － 4 － 5

☞ p.62

Worksheet 2-13　目標達成❷

問1　本番の発表でよかった点と改善点を教えてください。

よかった点	改善点

問2　個人作業とグループ作業を含めて，2回目のプレゼンテーションの感想を書いてください。

問3 反省と評価

❶発表に対する自分の貢献度を100点満点で評価しなさい。【　　　　点】

❷❶の点数をつけた具体的な根拠を述べなさい。

❸第2回発表を踏まえて，今後の課題を書きなさい。

内容について

伝え方について

グループ活動について

☞ p.64

Worksheet 2-14　成果を上げる❷

問1　他のグループの発表を聞いて，参考になった所をできるだけたくさん教えてください。

まねしたい点

伝え方
○
○
○
○
○
○
内容
○
○
○
○
○
○

まねしてはいけない点

伝え方
○
○
○
○
○
○
内容
○
○
○
○
○
○

問2 1番よかったと思うグループを選び，よかった理由を分析してみましょう。

問3 評価をした感想を教えてください。

問4 発表を聞いて自分の強みを分析してみましょう。

問5 時間管理は適切でしたか。

問6 重要性から判断して何から取りかかるべきだったと思いますか。

☞ p.66

Worksheet 2-15　マネジメントのまとめ

問1　1回目と2回目のマネジメントスキルの変化について，7つのマネジメントの要点に関連させて学びの体験を振り返って下さい。

問2　7つのマネジメントの要点に関連させて，自分の得意なところと苦手なところを振り返って下さい。

問 3 プレゼンテーションを学ぶ過程であなたに起こった変化について，具体例を用いて書いてください。

問 4 社会人基礎力と関連させて今の自分を自己評価してください。

附録 教員・TA評価シート

グループ発表者	テーマ	構成	内容
		／5	／5
		／5	／5
		／5	／5
		／5	／5
		／5	／5
		／5	／5
		／5	／5
		／5	／5

※1「改善が必要」,3「ふつう」,5「とてもよい」

伝え方	質疑応答	時間	総合評価	備考
／5	／5	／5	／25	
／5	／5	／5	／25	
／5	／5	／5	／25	
／5	／5	／5	／25	
／5	／5	／5	／25	
／5	／5	／5	／25	
／5	／5	／5	／25	
／5	／5	／5	／25	

参考文献

五十嵐　健　(2011)．世界一わかりやすいプレゼンの授業　中経出版
池上　彰　(2009)．分かりやすく「伝える」技術　講談社
石井　敏・久米昭元・岡部朗一　(1996)．異文化コミュニケーション―新・国際人への条件　有斐閣
井上一郎　(2005)．誰もがつけたい説明力　明治図書出版
岩崎夏海　(2009)．もし高校野球の女子マネージャーがドラッカーの『マネジメント』を読んだら　ダイヤモンド社
カーネギー，D.／山口　博［訳］(1999)．人を動かす　新装版　創元社（Carnegie, D. (1936). *How to win friends and influence people*. New York: Simon & Schuster）
カーネギー，D.／市野安雄［訳］(2000)．話し方入門　新装版　創元社（Carnegie, D. (1956). *How to develop self-confidence and influence people by public speaking*. New York: Pocket）
ガロ，C.／井口耕二［訳］・外村　仁［解説］(2010)．スティーブ・ジョブズ　驚異のプレゼン―人々を惹きつける18の法則　日経BP社（Gallo, C. (2009). *The presentation secrets of Steve Jobs: How to be insanely great in front of any audience*. New York: McGraw-Hill）
ガロ，C.／井口耕二［訳］・外村　仁［解説］(2011)．スティーブ・ジョブズ　驚異のイノベーション―人生・仕事・世界を変える７つの法則　日経BP社（Gallo, C. (2010). *The innovation secrets of Steve Jobs: Insanely different principles for breakthrough success*. New York: McGraw-Hill）
河合浩之　(2011)．いきなりスゴイ！PowerPoint【超実践！これ一冊で完全マスター】(100%ムックシリーズ) 晋遊舎
河瀬　誠　(2003)．戦略思考コンプリートブック　日本実業出版社
菅野誠二　(2009)．PowerPointビジネスプレゼン　図を描き・思考を磨き・人を動かすプレゼンテーション（ビジテク―BUSINESS TECHNIQUE）翔泳社
齋藤嘉則　(2010)．新版　問題解決プロフェッショナル「思考と技術」ダイヤモンド社
ゼラズニー，G.／数江良一，菅野誠二，大崎朋子［訳］(2004)．マッキンゼー流プレゼンテーションの技術　東洋経済新報社（Zelazny, G. (1999). *Say it with presentations: How to design and deliver successful presentations (Research reports)*. New York: McGraw-Hill）
ドラッカー，P. F.／上田惇生［編訳］(2001)．マネジメント［エッセンシャル版］―基本と原則　ダイヤモンド社
ドラッカー，P. F.／上田惇生［訳］(2006)．ドラッカー名著集1　経営者の条件　ダイヤモンド社（Drucker, P. F. (1966). *The effective executive*. New York Harper & Row）
三宅貴之　(2006)．実践プレゼンテーション入門　慶應義塾大学出版会
宮野公樹　(2009)．学生・研究者のための　使える!PowerPointスライドデザイン　伝わるプレゼン１つの原理と３つの技術　化学同人
中野　明　(2011)．17歳からのドラッカー　学習研究社
中野美香　(2010)．大学１年生からのコミュニケーション入門　ナカニシヤ出版
パウシュ，R.・ザスロー，J.／矢羽野薫［訳］(2008)．最後の授業　DVD付き版　ぼくの命がある

うちに　武田ランダムハウスジャパン（Pausch, R. with Zaslow, J. (2008). *The last lecture.* New York: Hyperion）

林　寧彦　(2010)．歴史を動かしたプレゼン　新潮社

平林　純　(2009)．論理的にプレゼンする技術　聴き手の記憶に残る話し方の極意　ソフトバンククリエイティブ

レイノルズ，G.／熊谷小百合［訳］（2010）．プレゼンテーション zen デザイン　ピアソン桐原（Reynolds, G. (2007). *Presentation Zen: Simple ideas on presentation design and delivery.* London: New Riders）

ワイズマン，J.／グロービズ・マネジメント・インスティテュート［訳］（2004）．パワー・プレゼンテーション（グロービス思考シリーズ）　ダイヤモンド社（Weissman, J. (2003). *Presenting to win: The art of telling your story*（Financial Times Prentice Hall books）．Upper Saddle River, NJ: FT Press）

脇山真治　(2009)．プレゼンテーションの教科書　増補版　日経BP出版センター

著者紹介
中野美香(なかの みか)

九州大学大学院比較社会文化学府国際社会文化専攻博士後期課程修了。博士(比較社会文化)。現在,福岡工業大学社会環境学部社会環境学科准教授。

主著

大学1年生からのコミュニケーション入門 ナカニシヤ出版,2011。議論能力の熟達化プロセスに基づいた指導法の提案 ナカニシヤ出版,2011。「福岡工業大学電気工学科の1年生を対象とした1年間のディベート教育の効果」電気学会論文誌 A **130** (1) 81-86,2010。「実践共同体における大学生の議論スキル獲得過程」『認知科学』**14** (3),398-408,2007。

日本コミュニケーション学会35周年記念論文奨励賞受賞(2006)。日本認知科学会奨励論文賞受賞(2008)。日本工学教育協会研究講演会発表賞受賞(2009)。九州工学教育協会賞受賞(2010)。

ウェブサイト

コミュニケーション教育のための教授学習支援プログラム
http://www.commedu.net/
上記サイトにて本書教授資料をダウンロードできます。

大学生からのプレゼンテーション入門

| 2012年5月30日 | 初版第1刷発行 |
| 2024年4月30日 | 初版第4刷発行 |

(定価はカバーに表示してあります。)

著 者　中野美香
発行者　中西　良
発行所　株式会社ナカニシヤ出版
〒606-8161　京都市左京区一乗寺木ノ本町15番地
　　　　　　Telephone　075-723-0111
　　　　　　Facsimile　075-723-0095
　　Website　http://www.nakanishiya.co.jp/
　　Email　iihon-ippai@nakanishiya.co.jp
　　　　　　郵便振替　01030-0-13128

印刷・製本＝亜細亜印刷株式会社／装幀＝白沢　正
Copyright ©2012 by M. Nakano
Printed in Japan.
ISBN978-4-7795-0654-3

本書のコピー,スキャン,デジタル化等の無断複製は著作権法上の例外を除き禁じられています。本書を代行業者の第三者に依頼してスキャンやデジタル化することはたとえ個人や家庭内の利用であっても著作権法上認められていません。